DELIUS KLASING

Lothar & Nicole Leder
Christoph Elbern

# TRIATHLON

## Einstieg • Training • Praxis

Delius Klasing Verlag

Für ihre Unterstützung an diesem Buch danken wir:
Antje Krumreich
Marylin Herud
Cornelia Brammen, Redaktion MyLife
Silke Insel und Frank Wechsel, Triathlon-Magazin
Jan Sibbersen
Claus Wachsmann, Cube-Bikes
Birgit Osuna, Mallorca-Aktiv-Reisen
Bill Meyerhofer

Bibliografische Information Der Deutschen Bibliothek
Die Deutsche Bibliothek verzeichnet diese Publikation
in der Deutschen Nationalbibliografie; detaillierte bibliografische
Daten sind im Internet über »http://dnb.ddb.de« abrufbar.

2. Auflage
ISBN 3-7688-1692-3
ISBN 978-3-7688-1692-2


Redaktion und Text: Christoph Elbern
Bildnachweis: Dirk Belling: Seiten 18, 22, 23, 24/25, 31, 32, 43, 71, 83, 108; Rolf Kosecki: Seiten 62, 97; Fotostudio Michels: Seiten 33-42 und 86/87; Quelle Challenge Roth: Titel; Michael Schellenberger: Seiten 53, 67, 68, 72, 82, 91, 92, 95, 96; Fa. Seeberger: Seite 15; Fotoshop Sessner: Seiten 27, 68, 99, 101; Spomedis/Triathlon Magazin: Seiten 16/17, 19, 21, 44, 59, 60/61, 69, 70, 73, 75, 88/89, Umschlagsrückseite unten; Norbert Wilhelmi: Seiten 6, 14, 48/49, 81, 84, 106, 109, Umschlagsrückseite oben sowie aus Privatbesitz
Umschlaggestaltung: Gabriele Engel
Layout: Ulrike Heinichen, Kiel
Reproduktionen: Lithotronic, Frankfurt
Druck: Kunst- und Werbedruck, Bad Oeynhausen
Printed in Germany 2006



Delius Klasing Verlag, Siekerwall 21, D-33602 Bielefeld
Tel.: 0521/559-0, Fax: 0521/559-115
E-mail: info@delius-klasing.de
www.delius-klasing.de

# Inhalt

ERDINGER
ALKOHOLFREI
Deutsche Post
World Net

# Warum dieses Buch – und für wen?

Als wir vor vielen Jahren mit dem Triathlon anfingen, da galten wir als Exoten. Wer für viel Geld nach Hawaii flog, um sich dort einen ganzen Tag lang übermenschlichen sportlichen Belastungen auszusetzen, dem wurde eigentlich der Verstand abgesprochen.

3800 Meter Schwimmen, 180 Kilometer Radfahren und 42 Kilometer Laufen – das sind Distanzen, die so mancher Zeitgenosse nicht in einem ganzen Jahr zurücklegt. Und wir machten das in acht, neun Stunden.

Doch seit dem Beginn der Triathlon-Bewegung in den 1980er-Jahren hat sich einiges geändert. Sport, besonders Ausdauersport, ist allgemein anerkannt. Im Zuge der Fitnessbewegung hat sich herumgesprochen, dass regelmäßiges Training Gesundheit, Wohlbefinden und Lebenserwartung steigert.

Und nachdem Laufen, Radfahren und Schwimmen von Medizinern allgemein als der Gesundheit am förderlichsten eingeschätzt werden und infolgedessen als beliebteste Sportarten Karriere machten, war es eigentlich nur noch ein kleiner Schritt zum Volkssport Triathlon.

Dieser kleine Schritt war der hin zu Wettbewerb und Höchstleistung. Der Triathlon-Sport ist, mehr als alle jede seiner Sportarten allein genommen, ein Wettkampfsport. Natürlich kann man auch alleine nacheinander Schwimmen, Radfahren und Laufen. Aber das ist Training, das ist der Weg. Das Ziel heißt: Wettbewerb. Das Messen mit anderen, die Atmosphäre, die Spannung, Sieg und Niederlage.

Ein weiterer wichtiger Schritt war die Hinwendung des Triathlon zu kürzeren Distanzen. Der Ultra-Triathlon, der Ironman, wird naturgemäß immer einer extrem trainierten Spitze vorbehalten bleiben. Als 2000 in Sydney Triathlon erstmals olympisch ausgetragen wurde, rückten Distanzen in den Fokus, die auch von Freizeitsportlern zu bewältigen waren. In der Folge etablierten sich immer mehr Jedermann-Veranstaltungen überall in Europa.

Beim alljährlichen Triathlon in Hamburg zum Beispiel sind inzwischen alljährlich über 6000 Startplätze innerhalb kürzester Zeit ausgebucht. Wenn man da am Schwimmstart steht, sieht man Freizeitsportler jeden Alters und jeden Leistungsstands. Männer und Frauen, die die Herausforderung Triathlon angenommen haben, die wochenlang trainiert haben, um hier zum ersten Mal zu finishen oder ihre persönliche Bestzeit zu knacken.

Für diese Aktiven ist dieses Buch gedacht. Für die, die zum ersten Mal zu ihrer Lieblingssportart noch die beiden anderen dazu trainieren wollen. Aber auch für die, die schon Kurzdistanzen absolvieren und jetzt eine Stufe höher steigen wollen. Auch Sportler, die ihren ersten Ironman in Angriff nehmen wollen, finden in diesem Buch sicher wertvolle Tipps.

Es ist auch ein Buch für Jugendliche, die noch viel vorhaben, und es ist ebenso eines für Menschen in der zweiten Lebenshälfte, die sich mit Triathlon noch viele Jahre fit halten können.

Und es ist natürlich für Männer und Frauen gleichermaßen gedacht.

Wir haben in vielen Jahren Training, Leidenschaft und Wettkampf im Triathlon reichlich Erfahrungen gesammelt. Wir haben unsere eigenen Vorstellungen von Training entwickelt, die weniger mit Computern und Laktatmessungen zu tun haben, als mehr damit, seinen Körper zu kennen und zu beherrschen.

Davon möchten wir in diesem Buch etwas weitergeben.

Swim! Bike! Run!
*Nicole und Lothar Leder*

## Biografisches: Wie wir wurden, was wir sind

**Lothar** Ich werde oft gefragt, wie ich diese unglaubliche Anstrengung des Ironman bewältige. Wie ich diese Distanzen schaffe und das Training packe. Tatsächlich ist es so, dass ich immer Sport machen wollte. Und ich habe früh gelernt, echte Herausforderungen zu meistern. Mein Vater hat mich mit fünf Jahren zur Treibjagd mitgenommen. Da musste ich dann manchmal zwei Hasen schleppen. Für so einen kleinen Kerl war das irre viel. Manchmal habe ich gedacht, ich pack das nicht. Aber ich habe es gemacht. Ich habe mich auch immer viel bewegt.

1976: Lothar (2. v. r.) mit dem Vater auf der Jagd.

»Meine Eltern waren übervorsichtig. Fußball war ihnen zu verletzungsträchtig.«

Aufgewachsen bin ich in Flössheim bei Worms. Da spielten natürlich alle Jungs Fußball. Aber meine Eltern waren übervorsichtig. Fußball war ihnen zu verletzungsträchtig. Sie waren auch beide nicht sonderlich sportlich. Mein Vater wiegt sage und schreibe 140 Kilo. Überhaupt sind meine Eltern sehr bodenständige Leute. Urlaub haben wir immer in der Oberpfalz gemacht. Als Kind bin ich nie geflogen.

Jedenfalls haben mich die Eltern statt zum Fußball zum Turnen geschickt. Und mir hat das auch Spaß gemacht. Damals bin ich schon immer viel Fahrrad gefahren. Das war auf dem Dorf ganz normal, weil man sonst nirgendwohin kommt. Zum Schwimmbad waren es hin und zurück zwanzig Kilometer. Die Eltern hatten keine Zeit mich mit dem Auto zu fahren. Also entweder Radeln oder daheim bleiben.

Mit 12 Jahren habe ich mit dem Schwimmen angefangen, weil mein Freund Rückenprobleme bekommen hatte und vom Arzt zum Schwimmen geschickt worden war. Ich bin einfach mal mitgegangen und dabeigeblieben. Das ging dort schon richtig los. Dreimal die Woche Training mit 12 Jahren. Dann kamen sehr schnell Trainingslager dazu und Krafttraining.

Ich habe damals auch schon mit Freunden große Radtouren gemacht. Durch Süddeutschland, nach Frankreich, von Jugendherberge zu Jugendherberge. Das hat mir Spaß gemacht, 100-Kilometer-Etappen zu planen und dann auch zu schaffen. Mit ganz normalen Tourenrädern. Da stand gar nicht der Sport im Vordergrund, sondern das Abenteuer. Und wenn es mit der Gruppe nicht geklappt hat, bin ich auch schon mal einen Tag allein durch die Berge gefahren. Mit 12 Jahren. Meine Eltern haben mich immer gelassen. Die haben Vertrauen in mich gesetzt. Dafür bin ich ihnen heute noch dankbar.

**Nicole** In meiner Familie waren sie etwas sportlicher. Mein Vater ist früher mal Marathon gelaufen. Nicht als Leistungssportler, sondern nur so. Aber mit einem Ziel: Er wollte zehn Kilometer unter 40 Minuten laufen. Und er wollte, dass ich irgendeinen Sport mache. So bin ich dann mit meiner Freundin immer wieder den Trimm-Dich-Pfad abgelaufen und mit acht Jahren habe ich in Duisburg im Schwimmverein angefangen. Da habe ich dann zwei- bis dreimal in der Woche trainiert, bis ich elf Jahre alt war und wir nach Darmstadt umgezogen sind. Da hatte ich dann täglich zwei Stunden Schwimmtraining und dreimal die Woche Krafttraining, und Laufen kam auch noch dazu. Das war oft sehr hart. Da sind auch Tränen geflossen, wenn wir zehn mal 100 Meter in jeweils 1:40er Zeit schaffen mussten und es nicht geklappt hat. Aber dann ist man so lange weitergeschwommen, bis die 1:40 erreicht waren. Mir hat das nichts ausgemacht, ich fand das toll. Und durch den Sport war ich auch sozial gut eingebunden. Da gab es jede Menge Kontakte und Leute mit gleichen Interessen.

Das Soziale hat auch für mich beim Sport immer eine große Bedeutung gehabt. Wir hatten damals Amerikaner von der Army in der Straße wohnen und die hatten immer so Volkswandertage. Mal zehn, mal zwanzig Kilometer. Mit denen bin ich immer mitgefahren. Da war ich 13, 14. Und irgendwann fingen die an zu joggen. Zehn Kilometer, zwanzig Kilometer. Es gab so Büchlein, wo man dann Stempel bekam. Samstag zehn Kilometer, Sonntag zwanzig. Einige von denen kamen von Hawaii und die sind dann gejoggt mit so Hawaiischlappen, Sandalen. Die Leute haben uns vielleicht angesehen mit ihren Wanderschuhen!

Abends habe ich dann in der Badewanne gelegen und war völlig kaputt.

Und 1987, da war ich 16, da hab ich dann Berichte vom Ironman auf Hawaii gesehen, und das hat mich sofort fasziniert. Ich hatte dann auch ein Triathlon-Buch, und das hat ein Kumpel von mir gesehen, der hat gesagt: Was willst du denn damit, das machen doch nur Verrückte. Das war damals in Deutschland noch sehr unpopulär.

Bei den Kumpels waren damals Mofas und Feiern angesagt. Da habe ich auch mitgemacht, aber ich konnte nicht jedes Wochenende feiern. Dazu habe ich viel zu viel Sport gemacht. Das war mir wichtig.

Ich lebte damals noch in Worms, und da fand zu dieser Zeit auch der erste Massentriathlon in Deutschland statt. Das habe ich natürlich auch mitbekommen, habe damals aber noch nicht den Gedanken gehabt, da teilzunehmen.

In der Schule hat mir der Sport eigentlich eher genützt als geschadet. Ich war immer eine gute Schülerin, weil ich es durch den Sport einfach

»Ich war immer ein gute Schülerin, weil ich es durch den Sport einfach gewöhnt war, mich anzustrengen.«

gewöhnt war, mich anzustrengen. Man ist unglaublich diszipliniert, und das gilt auch für das Lernen. Der Tag ist durch das Training strukturiert. Und durch das Training bekommt man Biss, lernt, sich zusammenzureißen. Vor allem wird es ein Wert an sich, Ziele zu erreichen.

Ich habe mit 16 im Triathlon angefangen. Mehr so nebenher. Jemand hatte mich gefragt, ob ich nicht Lust hätte. Schwimmen und Laufen hatte ich schon trainiert, Radfahren kam dann dazu. Und auch wieder nebenher habe ich drei Wettkämpfe gemacht und dann die Qualifikation für die Deutsche Meisterschaft erreicht.

*Nicole bei den Deutschen Meisterschaften 1989.*

In der Oberstufe auf dem Gymnasium hatte ich dann Sport als Leistungskurs. Mit fast nur Jungs. Die wollten natürlich immer Fußball spielen. Mein Lehrer hat mir dann viel Freiheit zum Trainieren gelassen. Wenn die anderen gekickt haben, durfte ich meinen 15-Kilometer-Lauf machen. Als ich dann in die Nationalmannschaft kam, wurde es menschlich ein bisschen schwieriger mit den Mitschülern. Ich hatte so ein bisschen den Ruf der Spaßbremse, weil ich aufgrund des Trainings nicht dauernd Party machen konnte.

*Lothar nach dem Schwimmen beim Ratzeburger Triathlon 1988.*

»Wir waren noch so jung, gerade Zwanzig, und durften schon um die ganze Welt reisen.«

Ich war Ende der 1980er-Jahre im Laufverein, im Radverein und im Schwimmverein. Triathlon-Trainingsgruppen gab es ja so gut wie nicht. Und so habe ich bei allen die üblichen Distanzen mittrainiert. Also in der Woche 500 Kilometer Radfahren, 100 Kilometer Laufen und 25 Kilometer Schwimmen. Das war natürlich viel zu viel. Ich wurde schnell sehr gut und fiel auf. Und so wurde ich eingeladen, bei der Jugendnationalmannschaft im Triathlon mitzumachen. Da gab es Deutsche Meisterschaften, aber auch Europa- und Weltmeisterschaften. 1990 war ich in Orlando, in Disney World, da fand eine Weltmeisterschaft im Kurztriathlon statt. Das war wahnsinnig aufregend. Ich war gerade 19 und dann so ein Ereignis! Wir haben mit der Mannschaft eine Medaille geholt und ich bin in der Einzelwertung Sechster geworden. Da war ich total stolz.
Mein Ziel stand damals auch schon fest: Ich wollte in die Sportkompanie der Bundeswehr.

Das Reisen, das war überhaupt das Faszinierende. Ich bin ungefähr zur gleichen Zeit in die Nationalmannschaft gekommen wie Lothar, und wir haben es auch gemacht, um die Welt zu sehen. Wir sind dann zum Beispiel wochenlang durch England gereist von Ort zu Ort und haben bei lokalen Vereinsmeisterschaften mitgemacht. Ständig lernte man neue Leute kennen, neue Gegenden. Wir konnten unsere Sprachkenntnisse verbessern und waren zu alldem eingeladen. Wir waren auch drei Wochen in Ägypten. Davon konnten andere nur träumen.

Und dann die Jugendmeisterschaften in Australien an der Gold Coast. Wir waren noch so jung, gerade Zwanzig, und durften schon um die ganze Welt reisen.

Ich hatte damals auf der Handelsschule die Mittlere Reife nachgemacht und bin dann in eine Banklehre gegangen. Damals gab es für meine Eltern nur zwei Berufswege: Bankkaufmann oder Industriekaufmann. Also habe ich mich für Bankkaufmann

entschieden. Obwohl ich dazu eigentlich keine Lust hatte. Ich war noch viel zu jung. Den ganzen Tag im Büro zu sitzen, das war eigentlich nicht mein Ding. Ich habe immer nur auf die Uhr geguckt und wenn ich Feierabend hatte, habe ich trainiert. Auch in der Mittagspause bin ich oft ins Studio gegangen und habe Krafttraining gemacht.

Aber trotzdem habe ich die Lehre abgeschlossen und bin heute gelernter Bankkaufmann. Das ist ja nie verkehrt. Nach der Lehre bin ich zum Bund. Natürlich in die Sportkompanie. Zwei Jahre.

Danach habe ich ganz normal in der Bank gearbeitet. Aber nur Teilzeit. Erst 25 Stunden, dann nur noch 18. Das war bei der Volksbank Worms. Denen bin ich sehr dankbar. Denn irgendwann haben sie mich ganz freigestellt, damit ich nur noch trainieren konnte. Das war schon toll.

Ich erinnere mich noch, wie nervös Lothar damals war, als er sich vorgenommen hatte, mit dem obersten Chef der Bank darüber zu sprechen, dass er freigestellt wurde. Das war eine Aufregung.

»Neuseeland 1992 war meine erste Langstrecke, mein erster Ultratriathlon.«

Ja. Da habe ich vorgeschlagen, für ein Mini-Gehalt noch ein wenig für die Bank zu arbeiten, ansonsten aber zu trainieren und Wettkämpfe zu bestreiten. Und es hat geklappt. Ich durfte mir die Filiale, in der ich meine wenige Arbeitszeit verbringe, sogar aussuchen. Da habe ich dann eine genommen, zu der ich immer zehn Kilometer zu laufen hatte. Und so war die Bank mein erster Sponsor.

*1994 funkte es zwischen Lothar und Nicole auf Virgin Island.*

Neuseeland 1992 war meine erste Langstrecke, mein erster Ultratriathlon. Dafür musste ich mein ganzes Sparbuch plündern, weil diese Reise nicht vom Nationalkader bezahlt wurde. 3000 Mark. Meine Mutter hatte mir damals ein paar Butterbrote geschmiert, für die Reise. Das war schon komisch. Die hatte gar keine Vorstellung, wie weit das ist.

Damals ging es für mich noch nicht ums Geld verdienen. Ich bin damals Elfter geworden und habe damit ganz knapp einen Platz mit Preisgeld verfehlt. Es ging auch ums Reisen, ums Rumkommen. Meine Mutter hatte mir immer gesagt: Wenn du dich entscheiden kannst zwischen Daheimbleiben und Wegfahren, dann fahr weg. Das habe ich gemacht. So habe ich dann auch Nicole kennen gelernt.

»Gefunkt hat es 1994 bei einem Wettkampf in der Karibik.«

Wir kannten uns schon seit 1989, als wir beide in den Juniorenkader kamen. Und dann sind wir natürlich immer auf den Reisen zusammen unterwegs gewesen. Jahrelang. Aber gefunkt hat es erst 1994 bei einem Wettbewerb in der Karibik. Das war unheimlich romantisch. Wie in einer Bacardi-Werbung. Ich hatte ein schwarzes Cocktailkleid an und lehnte irgendwie an der Bar. Und dann ist Lothar auf mich zugekommen und es ist passiert.

Ich fand Nicole immer schon toll. Hatte sie auf den Wettbewerben gesehen und war begeistert. Für den Abend hatte ich einen Jeep organisiert, um sie nach Hause zu fahren. Der hatte dann leider einen Platten, und wir mussten zwei Kilometer über die Insel zum Hotel latschen. Das war nicht so witzig. Aber auch aufregend.

Bis wir ein richtiges Paar waren, sind noch ein paar Monate vergangen. Fast hätte ich ihn dann in den Wind geschossen. Er war zum Training in den

USA. Und wir waren für den Abend seiner Rückkehr fürs Kino verabredet. Die Preview von Jurassic Park. Dafür hatte ich mit großer Mühe Karten bekommen. Und dann hat Lothar verschlafen und den Flieger verpasst. Ich bin allein ins Kino gegangen. Und er hat sich einen Monat lang nochmal total um mich bemüht. Und das hat funktioniert.

Anfangs wohnte Lothar in Worms und ich in Darmstadt. Das sind 60 Kilometer, die er, wenn es irgendwie ging, mit dem Rad gefahren ist.

»Mia ist der Mittelpunkt unseres Lebens, und es gibt nichts Wichtigeres auf der Welt.«

Dann habe ich Nicole auf ihrer 80-Kilometer-Tour begleitet und bin abends wieder 60 Kilometer nach Hause gefahren. Das waren dann auch 200 Kilometer an dem Tag. Ich habe immer versucht, Wege, die man sowieso zu machen hat, als Training zu gestalten. Und ich habe auch immer zu den unmöglichsten Zeiten trainiert. Samstagsabends, wenn alle anderen sich auf den Weg in die Disco machten, dann bin ich gelaufen. Da haben die dann aus dem Auto gepfiffen und ihre Sprüche gemacht. Aber das war mir immer egal. Es geht nicht anders. Wenn man so intensiv Sport macht, wenn man am Sonntagmorgen ein Radrennen hat, dann kann man nicht in der Nacht feiern.

*Lothar und Töchterchen Mia im Jahr 2000.*

So ist man natürlich immer mit Leuten zusammen, die genauso leben. Sportler kennen fast nur Sportler. Andere verstehen uns ja oft auch nicht. Die halten uns für ein bisschen sonderbar. Aber ich bin auch immer bemüht, gerade in Zeiten nach einem Ironman, wenn ich längere Zeit wenig trainiere, die Kontakte zu pflegen, die mit Sport überhaupt nichts zu tun haben. Das ist mir auch sehr wichtig. Ich will ja auch noch über andere Dinge reden, andere Dinge mitbekommen.

Im August 1998 kam unsere Tochter Mia zur Welt, und am 31. Dezember 1999 haben wir geheiratet. Nicht in Hawaii, wie es viele Triathleten tun, sondern hier zu Hause.

Als ich die Schwangerschaft bemerkt habe, war ich in der Nationalmannschaft Triathlon für Sydney 2000. Fest im Kader. Und ich hatte den Vertrag für eine Profi-Mannschaft in Frankreich unterschrieben. Es war eine blöde Situation, eine Woche nach Vertragsunterzeichnung abzusagen. Aber ich wollte das Kind. Lothar auch. Also habe ich abgesagt und habe Mia bekommen. Sie ist der Mittelpunkt unseres Lebens, und es gibt nichts Wichtigeres auf der Welt für uns.

Deshalb fahre ich auch nicht drei Wochen ins Herbst-Trainingslager nach Teneriffa, wenn Mia eingeschult wird. Obwohl ich es unter sportlichen Gesichtspunkten müsste. Andererseits bin ich aufgrund der Familie nicht so verbissen. Klar will ich gewinnen. Aber ich bin auch locker.

Mia, unsere Tochter, weiß, dass der Sport unsere Arbeit und unser Leben ist, und sie ist auch immer, wenn es irgendwie geht, dabei. Gott sei

Dank ist meine Mutter immer zur Stelle, wenn wir Mia nicht mitnehmen. Sonst ginge das alles gar nicht. Oder meine Mutter begleitet uns. Sie verhält sich wie ein Profi-Betreuer. Das ist so wunderbar. Sie weiß, wann wir in Ruhe gelassen werden wollen, was wir brauchen und was sie sagen muss.

Wir sind heute nicht nur eine Familie, sondern auch ein richtiges kleines Triathlonunternehmen. Wir leben nicht schlecht von unserem Sport, aber es ist auch ein ständiger Druck, Erfolge zu haben. Der Marktwert richtet sich eben auch nach den Siegen. Und wird jedes Jahr neu verhandelt. Wir bekommen von Sponsoren ein Fixum und Prämien für Siege. Manche Veranstalter zahlen uns Antrittsgelder, weil wir einen Namen haben, und dann gibt es Siegprämien. Die brauchen wir auch. Aber die sind nicht so hoch, wie man sich das vorstellt. Klar, der Sieger beim Ironman Hawaii bekommt 100 000 Dollar. Aber das ist die Ausnahme. Üblich sind Siegprämien zwischen 8000 und 12 000 Dollar und entsprechend weniger für die Zweit- bis Zehntplatzierten. Und auf der Ironman-Distanz gibt es keine Nationalmannschaften, die auch noch staatlich gefördert werden. Das gibt es nur bei olympischen Distanzen. Wir müssen alle Kosten selbst tragen. Nicht nur die Reisen zu den Rennen, auch die Trainingslager und alles.

»Wir trainieren nicht um zu siegen, sondern wir trainieren um zu trainieren.«

Wir sind sicher, dass wir diesen Sport noch einige Jahre so betreiben werden, dass wir davon leben können. Aber wir denken auch an die Zeit danach. 2001 haben wir ein Sportgeschäft in Darmstadt eröffnet, das inzwischen ganz gut läuft. Sehr interessant ist die Arbeit als Personal Trainer. Wir bieten Tages-Training, aber auch intensive mehrtägige Betreuung an. Das beginnt mit einem gemeinsamen Frühstück, bei dem wir den Menschen kennen lernen, der professionell trainieren möchte. Dann erarbeiten wir ein individuelles Programm. Das macht großen Spaß und wird sehr gut angenommen. Gerade von beruflich engagierten Leuten, die viel Stress haben und einen Ausgleich suchen.

*Lothar und Nicole mal nicht beim Training. Bundesliga in Gladbeck 1999.*

Es ist auch eine Frage der Einstellung. Worum geht es denn einem Profi-Sportler? Um den schnellen Sieg, um das Preisgeld? Das sind wichtige Ziele, zweifellos. Aber uns – und vielen, die wir kennen – geht es eigentlich darum, dass wir ein Leben führen können, in dem wir jeden Tag trainieren können. Wir müssen nicht irgendeinen anderen Job zusätzlich machen. Wir können uns ausschließlich dem Sport widmen. Das ist wunderbar. Dieses Leben wollen wir uns so lange wie möglich erhalten. Kurz: Wir trainieren nicht um zu siegen, sondern wir trainieren um zu trainieren.
Es gab natürlich immer wieder Momente, wo ich gedacht habe, ich muss was anderes machen, ich gehe wieder auf die Bank oder so. Es ist eben nicht nur Faszination, es ist auch die Monotonie des Trainings. Stundenlang Laufen, Radfahren, Schwimmen. Meistens allein. Das ist allerdings nur eine Facette dieses Profi-Triathleten-Lebens. Auf der anderen Seite gibt es die Wettkämpfe, die Reisen, die vielen Menschen, die wir kennen lernen. Wie in meiner Zeit als Jugendlicher kann ich mich heute bei Trainingstouren darüber freuen, wie viel ich von der Welt sehe. So ganz direkt, nicht aus dem Auto. Sondern beim Laufen oder Radfahren. Diese Faszination packt mich immer noch.

## Steckbrief

**Nicole Leder**

| | |
|---|---|
| Geboren | 12.09.1971 in Duisburg |
| Größe | 168 cm |
| Gewicht | 53 kg |

Meilensteine:

| | |
|---|---|
| 2000: | 1. Platz IRONMAN ASIEN<br>14. Platz IRONMAN HAWAII<br>(beste deutsche Teilnehmerin) |
| 2001: | 3. Platz IRONMAN EUROPE ROTH<br>14. Platz IRONMAN HAWAII |
| 2002: | 1. Platz IRONMAN BRASILIEN<br>3. Platz CHALLENGE ROTH |
| 2003: | 2.Platz IRONMAN JAPAN<br>1. Platz CHALLENGE ROTH |
| 2004: | 1. Platz CHALLENGE ROTH<br>10. Platz IRONMAN HAWAII |

**Lothar Leder**

| | |
|---|---|
| Geboren | 03.03.1971 in Worms |
| Größe | 189 cm |
| Gewicht | 80 kg |

Meilensteine :

3 x Deutscher Meister olympische Distanz

5 x Sieger beim IRONMAN EUROPE ROTH bzw. QUELLE CHALLENGE ROTH

2 x 3. Platz IRONMAN HAWAII mit bester Laufzeit

Erster Mensch, der die IRONMAN-Distanz unter 8 Stunden bewältigte

*Lothar (vorne) und Nicole (l.) vor dem Start im Rhein-Main-Kanal in Roth.*

## Bei Leders zu Hause: Das ganz normale Leben einer Triathlon-Familie

*Eine ganz normale Familie: Nicole und Lothar mit Mia beim Essen.*

*»Wir bekommen die Jahreszeiten viel intensiver mit als jemand, der sich immer in Räumen aufhält.«*

Wir stehen auf, wie alle. Wir machen unsere Tochter fertig für die Schule und einer bringt sie hin, wie alle anderen auch. Wir führen ein ganz normales Familien- und Arbeitsleben. Nur, dass wir eben morgens mit den Rädern dem Stau entgegenfahren. Wenn alle anderen an ihren Schreibtischen sitzen, fahren wir in dicken Gängen die Berge hinauf – Krafttraining.

Das ist das Besondere. Wir bekommen so auch die Jahreszeiten viel intensiver mit als jemand, der sich immer in Räumen aufhält.

Und so haben wir – je nach Abstand zum nächsten Wettbewerb – mehrere Trainingseinheiten am Tag. Sechs Tage in der Woche. Einen Tag Ruhe mit Massage.

Dazwischen haben wir Sponsorentermine, müssen uns um Visa, Tickets und viele andere organisatorische Dinge kümmern.

Ein typischer Tagesablauf in unserer Familie sieht so aus:

6:30 Uhr Aufstehen. Gemeinsames Frühstück. Mia wird für die Schule fertig gemacht.
7:30 Uhr Nicole bringt Mia zur Schule.
9:00 Uhr Trainingsbeginn. Radausfahrt mit kleiner Trainingsgruppe.
 4 Stunden, 120 Kilometer.
13:00 Uhr Mia von der Schule abholen.
 Gemeinsames Mittagessen.
13:30 bis 17:00 Uhr Mittagsruhe oder Bürokram und Geschäftliches (Lothar). Mit Mia zu Tanzgruppe, Turnverein u.Ä. (Nicole).
17:00 Uhr Mia bei Oma.
 Lauftreff mit Gruppe.
 1:30 Stunden. 15 Kilometer.
19:00 Uhr Schwimmen.
 1:00 Stunde. 3000 Meter.
 Mia abholen.
20: 15 Uhr Feierabend. Oder Bürotätigkeiten.

# WAS IST TRIATHLON?

1204
1406
1307
1373

## Woher kommt Triathlon?

Das Wort kommt aus dem Griechischen und bedeutet schlicht Dreikampf.

Der erste Triathlon fand, soweit man das heute noch nachvollziehen kann, 1975 in San Diego, Kalifornien statt. Damals ging es aber »nur« um 0,5 Meilen Schwimmen, 5 Meilen Radfahren und 5 Meilen Laufen.

Über den ersten Ultra-Triathlon gibt es diese Legende von der Wette. Es stritten ein paar Sportler 1978 auf Hawaii, was denn nun der härteste Ausdauerwettkampf sei: der *Waikiki Rough Water Swim* über 2,4 Meilen, das Radrennen *Ride Around The Island* über 170 Kilometer oder aber der *Honolulu-Marathon*.

So machten sich 15 Sportler daran, alle Distanzen non-stop hintereinander zu absolvieren. Der Ironman Hawaii war geboren. Bereits 1980 übertrug das US-Fernsehen das Spektakel, an dem immer mehr Sportler teilnahmen, und verhalf dem Ironman zu größerer Popularität.

Der erste Triathlon in Deutschland fand 1982 in Essen statt: 1000 Meter Schwimmen, 70 Kilometer Radfahren und 10 Kilometer Laufen.

## Die Distanzen

Der Ultra-Triathlon, die Ironman-Distanz, ist natürlich die Königsstrecke. Das hat aber auch zur Folge, dass diese Distanz in vielen Köpfen als der einzig wahre Triathlon verankert ist. Und es herrscht der Irrglaube, dass Ironman-Teilnehmer die Finisher anderer Distanzen belächeln. Unsinn. Jede Distanz hat ihre Herausforderung und erfordert Training, Disziplin und Kampfgeist.

Die Langdistanz bietet zum Beispiel mehr Möglichkeiten, Schwächen in einer Sportart in der nächsten wieder auszugleichen. Bei der Kurzdistanz hingegen kann eine Ungeschicklichkeit in der Wechselzone schon den Sieg kosten.

Durch die vielen Wettkämpfe, die wachsende Zahl von Profis und die olympischen Ehren ist das Niveau auf den einzelnen Distanzen allerdings so gestiegen, dass es immer stärker ein Entweder-Oder gibt. Wer olympisch trainiert, fährt nicht nach Hawaii und umgekehrt.

**Wettkampfdistanzen**

| Name | Schwimmen | Radfahren | Laufen |
|---|---|---|---|
| Langdistanz/»Ironman« | 3,8 km | 180 km | 42,195 km |
| Half-Ironman | 2 km | 80 km | 20 km |
| Kurzdistanz (olympisch) | 1,5 km | 40 km | 10 km |
| Volksdistanz | 0,5 km | 20 km | 5 km |

Und dann gibt es noch Wahnsinns-Veranstaltungen wie Double Ironman und sogar Triple Ironman. Damit wollen wir uns in diesem Buch – und wir in unserem Leben – nicht beschäftigen. Da geht es nur noch um Schlafentzug, das hat mit Sport so wenig zu tun wie Wettbewerbe im Pfahlsitzen oder Dauertanzen.

*Wenn die Distanz stimmt, haben auch Kinder Spaß am Triathlon.*

*»Zu viel Ehrgeiz ist unangebracht.«*

# Triathlon – für wen?

## Einstieg in jedem Alter

Triathlon ist die Kombination dreier Sportarten, deren Grundlagen jeder bereits als Kind gelernt hat und die bei Sportmedizinern besonders beliebt sind. Denn die wissen: Ausdauersportarten wie Laufen, Radfahren und Schwimmen sind besonders dafür geeignet, in jedem Alter begonnen und ausgeübt zu werden. Der Grund: Der Körper wird nicht über die Maßen belastet, Herz und Kreislauf werden bestens trainiert, und der Grad der Belastung kann einfach der individuellen Leistungsfähigkeit angepasst werden.

Entscheidend ist natürlich, dass man seine Ziele realistisch formuliert. Wer als untrainierter Sechzigjähriger innerhalb eines halben Jahres für die Ultradistanz fit werden will, der wird scheitern.

## Kinder und Triathlon – weniger ist mehr

Triathlon hat auch etwas mit Quälen zu tun. Sich selbst. Es hat etwas damit zu tun, die eigenen Grenzen zu erreichen, zu überschreiten. Das kann auch schon mal verdammt wehtun. Die meisten Kinder mögen das nicht so gern. Kinder interessiert am Sport eher die Bewegung, das Spielerische und natürlich, eine Ziellinie zu erreichen. Möglichst als Erster.

Diesem Anspruch werden die Kinder-Triathlons gerecht, die immer häufiger veranstaltet werden. Da treten Kinder ab 8 Jahren an, um zum Beispiel 100 Meter zu schwimmen, 2,5 Kilometer Rad zu fahren und 400 Meter zu laufen. Das schaffen sportliche Knirpse unter 20 Minuten.

*Kinder-Triathlon kann für die Kleinen auch ein ganz schöner Stress sein. Besonders in der Wechselzone, wenn die Eltern antreiben und coachen. Dann sind die jungen Athleten schnell ganz schön durcheinander. Hier ist, das sage ich als Sportlerin und Mutter, zu viel Ehrgeiz sicher unangebracht.*

*Unsere Tochter Mia, Jahrgang 1998, hat dazu im Moment gar keine großen Ambitionen. Sie ist eher genervt, wenn Leute sie fragen, ob sie denn auch schon schwimme, laufe, Rad fahre. Sie tanzt und turnt aber gern. Wichtig ist, dass Kinder bei Sport und Spiel Koordination lernen. Sie sollen ihren Körper beherrschen. Alles andere kommt später.*

Beim Training mit Kindern ist zu beachten, dass Kinder genauso auf Ausdauertraining im aeroben Bereich ansprechen wie Erwachsene. Der aerobe Bereich (das ist der mit Atmung und Sauerstoff zusammenhängende Teil des Körpers, also Lunge, Herz, Kreislauf) entwickelt sich im Training wie bei Erwachsenen. Das Lungenvolumen steigt, die Sauerstoffaufnahmefähigkeit nimmt zu, das Herz wird stärker. Das ist gut für den Körper.

Anders der anaerobe Bereich, also der Muskelapparat. Kinder haben einen anderen Milchsäurehaushalt, deshalb baut sich bei kraftorientiertem Training nicht so schnell Muskelmasse auf. Intensives Krafttraining kann für Kinder sogar schädlich sein. Knorpel und Gelenke sind viel zu weich für diese Belastungen. Dies ändert sich erst im Laufe der Pubertät.

## Jugendliche und Triathlon – alles ist möglich

Zum Triathlon kommen häufig Jugendliche, die in einer der drei Disziplinen bereits Leistungssport betreiben, dort vielleicht sogar etwas stagnieren und sich im Triathlon mehr Erfolge oder mehr Spaß erhoffen.

Da gilt beim Triathlon natürlich, was in den meisten anderen Sportarten auch gilt: In der Pubertät formen sich Olympiasieger. Die erste Phase (Pubeszenz, bei Mädchen 11-14, bei Jungen 12-15 Jahre) ist ideal für den Aufbau eines leistungsfähigen aeroben Apparates. In dieser Zeit kann sich der/die Jugendliche ein Sportlerherz antrainieren.

*»Die anderen feierten und ich ging schlafen, weil ich am nächsten Tag einen Wettkampf hatte.«*

In der zweiten Phase (Adoleszenz, bei Mädchen 14-18, bei Jungen 15-19 Jahre) bietet die körperliche Entwicklung die idealen Voraussetzungen für die Ausbildung der Muskeln und aller anaeroben Funktionen. In dieser Zeit kann sich der/die Jugendliche einen athletischen Körper antrainieren.

Das Training gestaltet sich nicht mehr so schwierig wie zu der Zeit, als wir anfingen. Die meisten größeren Sportvereine unterhalten Triathlon-Abteilungen. Da steigen junge Talente dann so mit 13, 14 Jahren ein. Meistens haben die Jugendlichen dann bereits ein paar Jahre in einer der drei Disziplinen trainiert. Aber auch ein Neueinstieg ist in diesem Alter möglich.

Diese Altersgruppe neigt bei allem Ehrgeiz aber auch dazu, die Dinge zu übertreiben. Zu viel Training, zu wenig Regeneration, falsche Ernährung. Im Extremfall sind Magersucht, Depressionen und Zusammenbruch die Folge. Deshalb können wir nur empfehlen in der Gruppe zu trainieren, sich einem Verein anzuschließen und regelmäßig zum Sportarzt zu gehen. Auch die Eltern sollten ein besonderes Auge auf Trainingsgewohnheiten und Essverhalten ihrer Kinder haben.

*Jugendliche brauchen schon einen starken Willen, wenn sie im Triathlon-Training erfolgreich sein wollen. Für mich war das in diesem Alter schwierig, das Sportliche mit dem Sozialen zu verbinden. Die Mitschüler fingen an zu rauchen, zu trinken, die Nächte durchzufeiern. Ich ging schlafen, weil ich am nächsten Tag einen Wettkampf hatte. Da wird man auch gemobbt. Aber im Sport findet man natürlich auch Freunde, die diesen Lifestyle teilen. Wir haben auch gefeiert. Aber nicht so wild wie die anderen. Ich bin heute stolz darauf, dass ich es geschafft habe, in dieser schwierigen Phase durchzuhalten.*

## Triathlon in der Lebensmitte – Training fürs Anti-Aging

Der Trend ist unübersehbar: Menschen um die 40, die seit Jahren Laufen oder Radfahren, zieht es derzeit zum Triathlon. Die Altersstruktur bei den Jedermann-Veranstaltungen auf Kurzdistanzen zeigt das sehr deutlich.

Offenbar ist man um die 40 an einem Punkt, wo man sportlich noch mal eine Herausforderung sucht und auch den Wettkampf. Familie hat man, die Karriere läuft ruhiger ab. Der Triathlon bietet hier eine recht niedrige Einstiegsschwelle auch für Spätentschlossene. Ein gewisses Prestige spielt sicherlich auch eine Rolle. Wer an Triathlons teilnimmt, darf sich der Anerkennung im Freundes- und Kollegenkreis sicher sein.

Wir haben schon mit Leuten zu tun gehabt, die mit 60 erfolgreich ins Triathlon-Training eingestiegen sind. Behutsam und ohne Ambitionen auf

*Alter schützt vor Leistung nicht. Senior im Trikot der deutschen Nationalmannschaft.*

eine Teilnahme auf Hawaii, aber mit genügend Verbissenheit und einer erstaunlichen Leistungssteigerung.

Grundsätzlich verlieren Menschen ab dem 30. Lebensjahr an Ausdauer-Leistungsfähigkeit. Mit 60 Jahren hat man dann 20-30 Prozent der maximalen aeroben Kapazität verloren. Dagegen kann man antrainieren. Selbst untrainierte Menschen zwischen 55 und 70 Jahren können bei einem drei bis viermonatigen Ausdauerprogramm ihre Kapazität um 10 bis 15 Prozent steigern. Das soll nicht heißen, dass nun alle ins Trainingslager müssen. Es zeigt nur: Alter schützt vor Leistung nicht. Oder wie der bekannte Sportmediziner Wildor Hollmann es ausdrückt: »Durch geeignetes körperliches Training gelingt es, 20 Jahre lang 40 Jahre alt zu bleiben.«

## Männer und Frauen – der kleine Unterschied

Der Unterschied zwischen Männern und Frauen ist im Triathlon nicht so groß wie in vielen anderen Sportarten. Eine gut trainierte Frau hängt einen schlecht bis mäßig trainierten Mann spielend ab. Bei Frauen funktioniert die Deckung des Energiebedarfs aus den eigenen Fettreserven besser. Das heißt: Sie zehren besser von der eigenen Substanz. Nach sechs Stunden, bei Radkilometer 155, wenn der letzte Energieriegel verputzt ist, spielt das durchaus eine Rolle. Deshalb sind Frauen für Ausdauersport sogar eigentlich besser geeignet. Je härter der Ausdauersport, desto kleiner wird der Leistungsunterschied zwischen Mann und Frau.

Männer sind stärker, schwerer, größer und können mehr Sauerstoff aufnehmen. Deshalb erreichen Frauen im Leistungssport auch nur 70 bis 95 Prozent der Leistung von Männern.

*»Eine Schwangerschaft muss dem Training nicht im Weg sein.«*

*Natürlich kann eine Frau während der Regel trainieren. Das tut eher gut. Vielleicht nicht so hart. Während des Wettkampfs ihre Tage zu haben, ist natürlich eher lästig bis unmöglich. Man kann das mit der Pille etwas regulieren. Bei Leistungssportlerinnen ist der Zyklus sowieso unregelmäßig, da der Körperfettanteil stark schwankt und damit auch der Hormonhaushalt.*

*Eine Schwangerschaft muss dem Training auch nicht im Weg sein. Ich habe bis zum sechsten Monat noch alle Sportarten zurückhaltend trainiert. Dann habe ich mit dem Laufen aufgehört. Geschwommen bin ich bis kurz vor der Entbindung. Sehr zur Verblüffung meiner männlichen Trainingspartner, die sich immer gewundert haben, wie ich mit der riesigen Kugel die Rollwende geschafft habe. Moby Dick in Aktion. Auch Radfahren geht prima. Ich bin nur irgendwann wegen der angenehmeren Sitzposition vom Rennrad aufs Mountainbike umgestiegen.*

2003 Cala Millor, Mallorca.

*Wichtig ist immer, dass du dich wohl fühlst, keine Schmerzen hast. Man darf sich zu nichts zwingen. Dass sehr gut trainierte Frauen größere Schwierigkeiten bei der Geburt haben, halte ich für ein böses Vorurteil. Mir hat mein gutes Körpergefühl und meine Belastbarkeit bei der völlig normalen Geburt von Mia sicher sehr geholfen.*

*Nach der Geburt ist es wichtig, sofort mit Beckenbodentraining und sonstigen Rückbildungsübungen anzufangen. Das kann man alleine oder auch in Still- und Rückbildungsgruppen machen. In guten Fitnessstudios gibt es dafür ebenfalls Angebote.*

## Sportliche und gesundheitliche Voraussetzungen

Jeder, der mehr oder weniger regelmäßig eine der drei Triathlon-Sportarten betreibt, Tennis spielt, turnt, surft, Fußball oder Volleyball spielt oder Ski läuft, kurz: wer bewegliche Gelenke, einigermaßen starke Muskeln und ein intaktes Herz-Kreislauf-System hat, der schafft einen Volkstriathlon. In welcher Zeit, ist ja erstmal egal.

Umgekehrt heißt das aber auch: Wer sich nach Jahren sportlicher Untätigkeit aus dem Fernsehsessel erhebt und an den Start geht, der muss wahrscheinlich nach den ersten zweihundert Metern hechelnd aus dem Wasser gefischt werden. Gerade die Belastung beim Schwimmen wird gerne unterschätzt. Fünfhundert Meter sind immerhin zwanzig Bahnen im Hallenbad – ohne zwischendurch Festhalten am Rand. Im Wettbewerb gehen Anfänger diese Distanz gerne viel zu zügig an.

Wer also ins Training einsteigt oder sein laufendes Training intensivieren will, der sollte seinen Körper kennen. Wir sind keine großen Fans der ganzen Leistungsdiagnostik und davon, einen Körper wie eine Maschine durchzumessen und zu programmieren.

Aber ein Leistungstest kann schon Aufschluss darüber geben, wo wir körperlich stehen und helfen, Risiken zu vermeiden und realistische Trainingsziele zu setzen. Deshalb empfehlen wir vor dem Einstieg in ein intensiveres Training den Besuch beim Sportarzt. Der soll auch durch eine Blutuntersuchung Eisen, Magnesium und Harnstoff überprüfen. Auch ein Belastungs-EKG ist sinnvoll.

## Der Aufwand

Training kostet Zeit, Geld und Nerven. Das lässt sich nicht vermeiden. Vermeiden lässt sich, dass es auch den Job, Lebensqualität, die Beziehung oder die Gesundheit kostet.

Deshalb der Appell an alle Freizeit-Sportler, aber auch an junge Menschen mit Profi-Ambitionen: Der Sport ist nur ein Teil deines Lebens. Sobald das Training andere wichtige Lebensbereiche zu stark einengt oder gar ausblendet, ist die Balance zum Teufel. Und das wirkt sich dann auch auf das sportliche Ergebnis negativ aus.

In diesem Buch gehen wir davon aus, dass die meisten Leser einen normalen Beruf mit mal mehr und mal weniger Stress haben, und eine Partnerschaft, vielleicht auch Kinder. Sie haben Freunde, fahren in Urlaub und engagieren sich in Sportverein oder Schule. Das ist alles wichtig und muss es bleiben.

Wenn wir also Trainingsempfehlungen geben oder gar Pläne, dann soll das in einen normalen Tagesablauf passen. Wir haben in Zeitschriften und Büchern Trainingspläne für Freizeitsportler gesehen, die beispielsweise mehrfach in der Woche Trainingseinheiten von zwei bis drei Stunden vorsahen. Das ist zu viel. So zeitaufwändig muss das Training nur dann werden, wenn man die Ultra-Distanz auf dem Plan hat oder unbedingt irgendwo einen Sieg erringen will.

Zum Geld: Triathlon ist natürlich teurer als Laufen oder Schwimmen. Gerade beim Rad werden ein paar Euro mehr fällig. Auch ein Neoprenanzug kostet viel Geld. Einsteiger, die auf Kurzdistanzen unterwegs sind, sollten aber jede Materialschlacht vermeiden. Auch mit Badehose, einem normalen Sportrad und durchschnittlichen Laufschuhen kommt man ins Ziel.

*Noch ein Wort zur Stellung der Frau im Triathlon: Auch wenn Deutschlands Fußballfrauen mal Weltmeister geworden sind, die verdiente Anerkennung der Männerwelt oder gar eine Gleichberechtigung in diesem Sport wird es wohl nie geben.*

*»Triathlon ist sicher eine der emanzipiertesten Sportarten.«*

*Vielleicht hat das was mit Traditionen zu tun. Im jüngeren Triathlonsport ist das anders. Da hat es eine Männerdominanz nie wirklich gegeben. Triathlon ist sicher eine der emanzipiertesten Sportarten. Bei den meisten Wettkämpfen starten Männer und Frauen gemeinsam. Da gibt es keine Arroganz, nur Partnerschaft. Am Ende bekommen die Siegerin und der Sieger das gleiche Preisgeld und den gleichen Respekt des Publikums. Auch die Sponsoren sind an Frauen genau so interessiert, wie an Männern.*

*Das gilt auch fürs Training. Soweit das leistungsmäßig möglich ist, trainieren Männer und Frauen zusammen. Aber es ist auch so, dass Männer gerne härter trainieren, auch wenn das vielleicht nicht immer angebracht ist. Männer überfordern sich schneller. Wenn wir gelegentlich Trainingslager auf Mallorca leiten, dann stellen wir immer wieder fest, dass sich Männer in den ersten Tagen in zu starke Gruppen einteilen und dann in eine schwächere Gruppe wechseln. Bei Frauen ist es genau umgekehrt.*

*Team Cube beim Training auf Mallorca am Cap Formentor 2003.*

# TRAINING

# Grundsätzliches zum Training

## Wie man Ausdauer steigert

Der Körper passt sich ständig den Bedingungen an, die an ihn gestellt werden. Das ist eine einfache Tatsache und die Grundlage jeden Trainings. Denn Training ist nichts anderes als die gezielte Erzeugung von Bedingungen, an die der Körper sich anpassen soll.

Aber der Körper braucht Zeit und Impulse, die er versteht, um sich richtig anzupassen. Immer nur schwere Gewichte zu stemmen, wird nicht zu stärkeren Muskeln führen, sondern zu Gelenkschäden und sogar zu Herzproblemen. Der Körper »lernt« nämlich mit wachsender Belastung immer dazu. Und genauso, wie ein Schüler Algebra nicht verstehen kann, bevor er die Grundrechenarten kennt, so kann der Körper Belastungen nur Schritt für Schritt als neue Bedingung begreifen und die nötigen Voraussetzungen bilden.

Basis des Erfolgs im Triathlon ist die Ausdauer, erst dann kommt die Kraft. Man kann auch sagen: Zum Finishen braucht man Ausdauer, zum Siegen muss noch Kraft hinzukommen.

Ausdauer ist nichts anderes, als die Fähigkeit des Körpers, Energie effektiv aufzunehmen und zu nutzen. Eine wesentliche Rolle spielt dabei der Sauerstoff.

Mit der Atmung nehmen wir Sauerstoff auf, der über die Lungen ins Blut gelangt und vom Herzen in die Muskeln gepumpt wird, wo er bei der Verbrennung der Energie bringenden Glukose mitwirkt.

Je höher die Belastung der Muskeln, desto höher der Bedarf an Sauerstoff. Folge: Das Herz schlägt schneller, die Atmung wird schneller. Doch bei diesem Vorgang stößt der Körper irgendwann an seine Grenzen: Dann kann die Atmung noch schneller werden, regelrecht japsen, das Herz kann noch schneller schlagen, regelrecht rasen, aber der aufgenommene Sauerstoff kann vom Körper nicht mehr verarbeitet werden. Die maximale Sauerstoffaufnahmekapazität des Körpers ist erreicht, in den Muskeln entsteht die so genannte Sauerstoffschuld. Nun wird die Glukose ohne Mitwirkung von Sauerstoff verbrannt. Das geht an die Substanz und führt nach kurzer Zeit zu Leistungsabfall und schließlich zum Muskelkater.

Man spricht bei den beiden beschriebenen Phasen von aerober und von anaerober Energiegewinnung.

**Die aerobe Energiegewinnung:** der Treibstoff für lange Strecken bei mäßiger Belastung. Weil die Muskeln immer wieder Sauerstoff zugeführt bekommen, kann eine geregelte Verbrennung des Traubenzuckers stattfinden. Und solange der Körper über genug Kohlenhydrate und Eiweiß verfügt, kann dieser Prozess andauern. Angenehmer Nebeneffekt: Nach einiger Zeit greift dieser Vorgang auch die körpereigenen Fettreserven an. Das berühmte Fatburning setzt ein.

*»Wir trainieren zu gut 80 Prozent im aeroben Bereich.«*

**Die anaerobe Energiegewinnung:** um kurz mal den Bus noch zu erwischen oder einen Hundertmeterlauf zu gewinnen, ist anaerobe Energie hilfreich, weil sie schnell zur Verfügung steht. Die Muskeln werden aber so intensiv, so schnell und so plötzlich belastet, dass die Sauerstoffzufuhr nicht nachkommt, der Traubenzucker verbrennt ohne Sauerstoff und produziert dabei Milchsäure – Laktat. Das wiederum führt zu Übersäuerung, zu Leistungsabfall und zu Muskelkater.

Das klingt wie eine harmlose Panne, ist aber bedeutend nicht nur für den Erfolg des Trainings, sondern für die Gesundheit allgemein. Wer ständig im anaeroben Bereich trainiert, produziert im Übermaß die so genannten freien Radikale, Molekülreste, die Krebs und Herzinfarkt verursachen können.

Ein extremes Beispiel für anaerobe Belastung: 50-Meter-Schwimmer bei Olympischen Spielen atmen während der ganzen Strecke nicht einmal. Es würde sich auch nicht lohnen, da in den 22 Sekunden, die sie unterwegs sind, der Sauerstoff sowieso nicht da ankäme, wo er gebraucht wird.

Wir trainieren dagegen zu gut 80 Prozent im aeroben Bereich. Das ist auch gar nicht anders möglich, da wir ja oft sehr lange Trainingseinheiten haben. Wenn wir dort die anaerobe Grenze dauerhaft überschreiten würden, wären wir nach kurzer Zeit völlig kaputt.

Die Aerob-Anaerob-Schwelle ist bei jedem Menschen unterschiedlich und verschiebt sich mit dem Trainingserfolg. Wer durch intensives Ausdauertraining das Lungenvolumen und die Herzleistung steigert, der steigert auch die maximale Sauerstoffaufnahmekapazität. Das bedeutet: Er kann bei höherer Herzfrequenz immer noch Sauerstoff aufnehmen, es wird später Laktat produziert.

Aber wie erkennt man die Schwelle? Um ganz sicher zu gehen, macht man einen Laktat-Test. Dazu wird unter Laborbedingungen auf dem Laufband oder dem Ergometer die Konzentration des Laktats im Blut bei steigender Leistung gemessen. So kommt man zu dem Wert der Herzfrequenz, bei der Laktat entsteht. Dieser Wert kann dann Grundlage des Trainings sein.

Ein Laktattest wird an sportmedizinischen Instituten und von Sportärzten durchgeführt und kostet ab 150 Euro – manchmal gibt es aber auch Aktionen zum Beispiel in Radsportgeschäften ab 40 Euro.

Wer allerdings nach diesem Wert trainieren will, der sollte sich darüber im Klaren sein, dass er mindestens einmal im Jahr eine neue Messung durchführen lassen muss, da sich durch intensives Training der Wert ja ständig ändert. Es gibt auch mobile Laktatmessgeräte. Die sind teuer, ungenau und verlangen vom Sportler, dass er sich ständig beim Training in den Finger sticht und Blut abzapft.

Für Einsteiger und Freizeitsportler empfehlen wir daher, die Trainingsbereiche ausgehend von der maximalen Herzfrequenz nach einer einfachen Formel rechnerisch festzulegen (220 minus Alter = max. Herzfrequenz) und mit der Pulsuhr zu trainieren. Der Rest ist Erfahrung.

> »Der Verstand kann uns helfen, die Vorgänge im Körper zu verstehen, und unser Gefühl kann uns helfen, unsere Befindlichkeit zu erfassen und uns danach zu richten.«

Meine ganz persönliche Meinung zu Laktattests: Wir sind keine Maschinen und wir haben auch keine eingebauten Messinstrumente wie Autos oder Flugzeuge. Aber wir haben Verstand und wir haben Gefühl. Der Verstand kann uns helfen, die Vorgänge im Körper zu verstehen und unser Gefühl kann uns helfen, unsere Befindlichkeiten zu erfassen und uns danach zu richten.

*Lothar beim abschließenden Marathon.*

*»Triathlon ist für mich die ganz persönliche Auseinandersetzung mit dem Körper.«*

*Ich spüre, wenn ich den anaeroben Bereich erreiche. Dann geht die Luft irgendwie anders in die Lunge, dann fühlen sich die Muskeln anders an. Sie schmerzen noch nicht, aber sie senden mir dezente Signale. Die Pulsuhr ist mir dabei eine gute Hilfe. Ich merke mir die Herzfrequenz, bei der ich nachgelassen habe, als Grenzwert. Das ist ein ständiger Dialog mit dem Körper. Das ist schwer zu beschreiben und es dauert seine Zeit, bis man seinen Körper so gut kennt. Aber dann trainiert man umso wirksamer. Vielleicht das Geheimnis meiner Erfolge.*

*Ich will nicht nach Kurven und Leistungsdiagrammen trainieren. Ich will nicht mit einem Kleincomputer am Arm laufen oder Rad fahren. Triathlon ist für mich auch die ganz persönliche Auseinandersetzung mit dem Körper: ein Kennenlernen. Immer wieder neu. Im Leistungszentrum macht mir das keinen Spaß.*

## Grundlagen des Ausdauertrainings – Das Prinzip der Superkompensation

Man muss sich nicht sklavisch danach richten, aber es hilft, ein verblüffendes Prinzip des Trainings zu kennen: die Superkompensation.

Wer trainiert und immer mehr trainiert, sich steigert und steigert, der wird allmählich schneller, stärker, ausdauernder. Denkt man. Irrtum.

Effektives Training ist ein planvolles Wechselspiel aus Belastung und Entlastung. Die Pausen sind ebenso wichtig wie das Training selbst. Wissenschaftler haben festgestellt, dass die Anpassung des Körpers an Trainingsreize am besten dann funktioniert, wenn der Organismus zwischen den Reizen Zeit zur Regeneration hat. Im Training nimmt die Leistungsfähigkeit mit der Zeit ab. Das ist klar – man wird müde. In der Regeneration erholt sich der Körper und findet wieder zum normalen Niveau zurück und – das ist das Verblüffende – darüber hinaus.

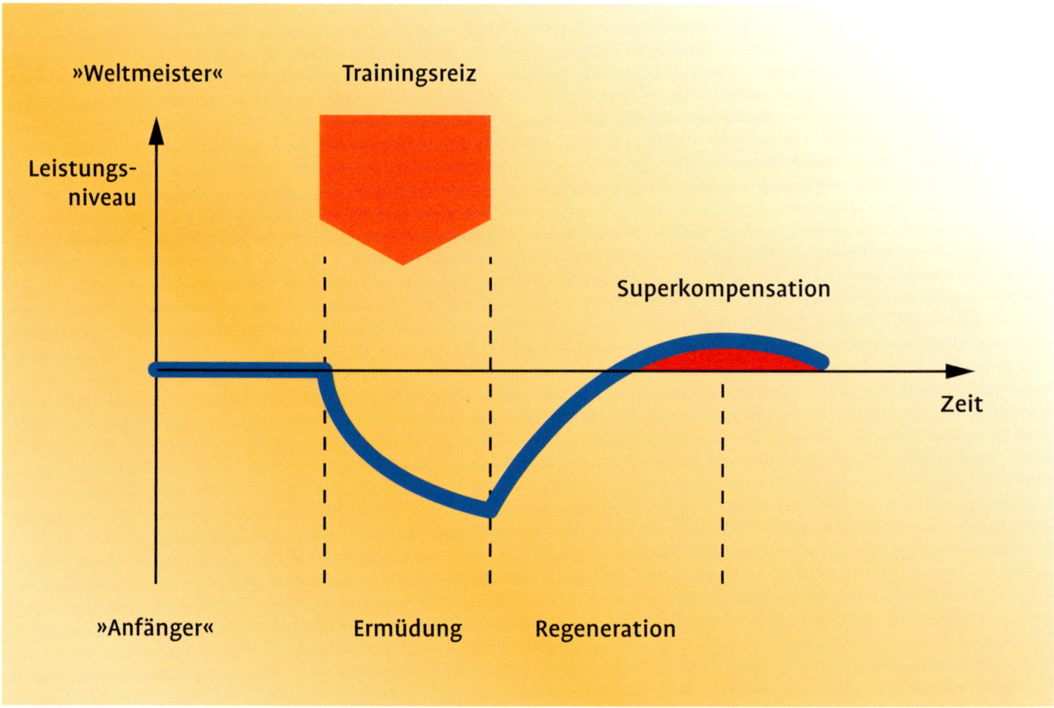

Gewisse Zeit nach der Erholung ist man also leistungsfähiger als vorher. Hier setzt man dann mit dem neuen Trainingsreiz an, der etwas stärker sein sollte als der vorherige. Und so schaukelt man sich allmählich zu mehr Ausdauer und mehr Muskeln hoch.

Dieser Effekt der Superkompensation ist bei Untrainierten und Anfängern noch sehr stark, bei Leistungssportlern natürlich geringer, da es auch schwieriger wird, den Trainingsreiz immer noch zu steigern.

In den Trainingsplänen, die wir später empfehlen, ist die Regenerationszeit für die Superkompensation bereits berücksichtigt.

## Leistungsstandbestimmung – der Conconi-Test

Bevor man ins systematische Training einsteigt, ist es sinnvoll den aktuellen Trainingsstand zu kennen. Dazu gibt es verschiedene Methoden. Eine relativ einfache ist der so genannte Conconi-Test, der sowohl auf der Laufbahn als auch auf dem Rad durchgeführt werden kann. Sinn eines solchen Tests ist es, eine Grundlage für die Messung der Leistungssteigerung durchs Training zu schaffen. Gerade beim Triathlon sind die erreichten Zeiten bei Wettbewerben keine wirklich verlässlichen Größen, da sie ja immer auch mit der Beschaffenheit der Strecke, mit dem Wetter und anderen Bedingungen zu tun haben.

Der Conconi-Test auf der Laufbahn kann immer gleich durchgeführt werden. Ideal ist es, stets die gleiche 400-Meter-Laufbahn zu verwenden und immer bei Windstille zu laufen.

Man benötigt etwa 45 Minuten Zeit, zwei Trainingspartner, zwei Stoppuhren und einen Pulsmesser. Nun läuft man sich erstmal eine halbe Stunde warm. Ganz gemütlich im Pulsbereich unter 130.

An der Laufbahn stehen nun die beiden Helfer mit den Stoppuhren, alle 200 Meter einer. Man läuft sehr langsam an. Für die ersten 200 Meter darf man durchaus über eine Minute benötigen. Nun steigert man alle 200 Meter das Tempo. Immer wenn man einen Helfer passiert, notiert der die Zeit und die Pulsfrequenz, die der Läufer ihm zuruft. Man steigert die Geschwindigkeit allmählich, bis es nicht mehr schneller geht.

Nun wird es etwas mathematisch. Aus den Tabellenwerten werden erstmal die Geschwindigkeiten in Kilometer pro Stunde errechnet.

Nach der Formel: v= 200 x 3,6/Zeit
Zum Beispiel also: Bei einer Laufzeit von 60 Sekunden für die 200 Meter rechnet man:
200 x 3,6/60 = 12 km/h

Nun trägt man die Werte in ein Koordinatenkreuz ein; Geschwindigkeit auf die X-Achse, Herzfrequenz auf die Y-Achse und verbindet die Punkte zu einer Kurve.

Diese Kurven geht erst etwas steiler nach oben und knickt dann ab, um etwas flacher weiterzugehen. An diesem Knick befindet sich die individuelle Aerob-Anaerob-Schwelle. Das bedeutet, dass ein Lauftempo bis zu dem Knickpunkt über einen längeren Zeitraum ohne Muskelübersäuerung aufrechterhalten werden kann. Ein Wert, der für ein effektives Ausdauertraining von großer Bedeutung ist.

Führt man diesen Conconi-Test zum Beispiel viermal im Jahr durch, so kann man an der Verlagerung des Knicks die Veränderung der Aerob-Anaerob-Schwelle ablesen. Wandert der Knick im Koordinatenkreuz stetig nach rechts, so hat das Training Erfolg.

Es gibt inzwischen Pulsuhren, mit denen man ähnliche Tests durchführen kann. Bei Polar ermittelt man so zum Beispiel seine »OwnZone«. Auf jeden Fall ist es eine empfehlenswerte Möglichkeit.

## Bestimmung der maximalen Herzfrequenz

Ein weiterer wichtiger Wert für effektives Training mit der Pulsuhr ist die maximale Herzfrequenz (MHF), also die Anzahl der Schläge, die das Herz pro Minute maximal erreichen kann. Dieser Wert nimmt mit dem Alter ab und steigert sich bei Training erheblich. Ein untrainierter 30-Jähriger hat vermutlich eine Frequenz von 190, ein gut trainierter 40-Jähriger kann es aber über 200 schaffen. Je höher der Wert, desto mehr Sauerstoff kann bei Belastung an die Muskeln geliefert werden. Das bedeutet, wie bereits beschrieben, eine höhere Aerob-Anaerob-Schwelle und folglich mehr Ausdauerleistung.

Die maximale Herzfrequenz kann man grob errechnen nach der einfachen Formel: 220 minus Lebensalter in Jahren. Ein 25-Jähriger hat also eine MHF von ungefähr 195.

Wer es genauer wissen will – und gerade Leistungssportler müssen es genauer wissen, weil die einfache Formel ab einem bestimmten Leistungsstand nicht mehr funktioniert –, der muss sich etwas schinden:

Begonnen wird mit einer Aufwärmphase von circa 30 Minuten. Um die maximale Herzfrequenz zu erreichen, muss die Belastung über vier bis fünf Minuten gesteigert und in der letzten Minute mit maximaler Intensität ausgeführt werden. Optimal geeignet ist hierfür eine leicht ansteigende Strecke von drei bis vier Kilometer Länge, die entweder mit dem Rad gefahren oder gelaufen wird. Die letzten 400 Meter werden mit maximaler Leistung absolviert, um die maximale Herzfrequenz zu erreichen.

Vor Ihren Augen sehen Sie jetzt vermutlich Sterne, auf Ihrem Pulsmesser sehen Sie Ihre maximale Herzfrequenz. Dieser Test ist sehr belastend und sollte nicht alleine durchgeführt werden.

## Die Intensitätsbereiche

Kennt man seine maximale Herzfrequenz, kann man die individuellen Trainingsbereiche festlegen:

| % der MHF | Bereich | Bemerkung |
|---|---|---|
| 50-60 | Gesundheitsbereich (GS) | Ideal für Anfänger. In diesem Bereich werden Herz und Kreislauf gestärkt. |
| 60-70 | Grundausdauer 1 (GA 1) | Hier verbrennt der Körper die meisten Kalorien aus Fett. Das Herz-Kreislauf-System wird trainiert und die Fitness verbessert. |
| 70-80 | Grundausdauer 1.2 (GA 1.2) | In dieser Zone verbessern sich Atmung und Kreislauf. Optimal zur Steigerung der Ausdauer (aerobes Training) |
| 80-90 | Grundausdauer 2 (GA 2) | Für kurzfristige Trainingseinheiten, um einen maximalen Leistungszuwachs zu erzielen. |
| 90-100 | Wettkampfspezialausdauer (WSA) | Dieser Bereich sollte im Training selten erreicht werden. |

Diese Bereiche werden bei der Zusammenstellung des indviduellen Trainingsplans wieder eine Rolle spielen.

# Trainieren mit Verstand

## Motivation

Jedes Training braucht ein Ziel. Beim Leistungssportler ist es der Sieg beim nächsten Wettkampf. Beim Freizeitsportler ist es der Spaß an sich, die Steigerung und Erhaltung der körperlichen Fitness und natürlich auch der nächste Wettkampf. Dabei aber nicht so häufig der Sieg, sondern eher das Finishen oder die Unterbietung der persönlichen Bestleistung.

Auf jeden Fall muss das Ziel klar gesteckt sein. Nur wenn man ein Ziel hat, kann man Trainingsintensität und Zeit richtig einteilen.

Gleichzeitig muss das Ziel realistisch gesteckt sein, damit es auch erreicht werden kann.

Hier eine subjektive Liste, wer sich welches Ziel in welchem Zeitraum stecken sollte:

| Leistungsstand | Ziel | Zeitraum |
|---|---|---|
| Anfänger | Erste Teilnahme an einem Wettbewerb in der Volksdistanz | Acht Wochen |
| Einmal die Volksdistanz gefinished | Erste Teilnahme an der Kurzdistanz | Acht Wochen |
| Mehrmals die Kurzdistanz gefinished | 3-4 Veranstaltungen im Jahr mit kontinuierlicher Form absolvieren | 6-9 Monate |
| Kurzdistanz wird jedes Mal recht souverän bewältigt | Erste Teilnahme an einem Half-Ironman | 12 Wochen |
| Mehrmals den Half-Ironman gefinished | 2-3 Veranstaltungen im Jahr mit kontinuierlicher Form absolvieren | 6-9 Monate |
| Half-Ironman wird jedes Mal souverän bewältigt | Erste Teilnahme an einem Ironman | Min. 3 Monate |
| Ironman souverän gefinished gesteigert | Qualifikation für Hawaii | Min. 3 Monate |

So kann man sich also mit den richtigen Zielen Körper und Motivation Schritt für Schritt aufbauen. Aber das dauert seine Zeit. Wenn man bedenkt, dass die Triathlon-Saison bei uns bestenfalls von März bis Oktober dauert, dann kann ein Anfänger vom ersten Training bis zum ersten Ironman mindestens zwei Jahre brauchen. Wer bereits regelmäßig an umfangreicheren Radtouristikfahrten, Lauftreffs und Ähnlichem teilnimmt oder gar Marathon läuft, kann es sogar in einem Jahr konsequenten Trainings schaffen.

*Cala Millor, Mallorca 2002.*

## Training-Life-Balance

Wir haben es eingangs schon angemerkt: Das Trainingsziel, so wichtig es auch ist, darf nicht alle anderen Lebensbereiche überlagern. Wir kennen viele Fälle zu ehrgeiziger Freizeitsportler und Semi-Profis, die Job, Partnerschaft und Gesundheit aufs Spiel gesetzt haben, nur um sich zum Beispiel für Hawaii zu qualifizieren. Das ist es nicht wert.

Auch wir, die wir unseren Lebensunterhalt mit Triathlon verdienen, achten darauf, dass wir Familie, Freunde und den Spaß am Leben nicht zu kurz kommen lassen. Das ist nicht immer so einfach, wenn man viele Stunden am Tag trainieren muss, um seinen Leistungsstand zu halten oder gar zu steigern.

Der Trainingsplan des Freizeitsportlers muss nicht so voll gestopft sein wie der des Profis, und es gibt viele Möglichkeiten ökonomisch und familienverträglich zu planen.

Ein paar Tipps, die helfen, das Training in den Alltag und ins Familien- und Beziehungsleben zu integrieren, mit denen wir selbst auch gute Erfahrungen gemacht haben:

- Wenn du dein Lauftraining machst, fährt dein Partner mit dem Rad nebenher. Dabei könnt ihr sogar etwas plaudern. So vermeidet man auch zu hohe Belastungen. Auch größere Kinder können schon eine ganz ordentliche Strecke mitfahren.

- Mit einem Babyjogger zu laufen, macht auch dem Baby Spaß. Das ist auch effektiv für die Kraft beim Abdruck. Aber Achtung: nur Modelle verwenden, die eine automatische Notbremse haben, damit das Ding beim Sturz nicht einfach weiterrollt.

- Beim Wochenendausflug fährt die Familie mit dem Auto an ein vereinbartes Ziel. Du machst die Strecke mit dem Fahrrad.

- Trainingsplan für alle sichtbar in die Küche hängen. Dann musst du dich auch daran halten.

- Am Sonntagmorgen sehr früh zu Volkslauf oder Radtouristik aufbrechen. Dann gehört der Nachmittag der Familie. Der Samstag vorher kann dann komplett trainingsfrei bleiben.

- Später am Abend trainieren, wenn die Kinder im Bett sind. In Großstädten haben zum Beispiel viele Schwimmbäder bis Mitternacht geöffnet. Wichtig: danach unbedingt noch eine gehaltvolle Kleinigkeit essen. Sonst nützt das ganze Training nichts.

- Schwimmtraining kann, wegen der langen Anfahrt, in ländlichen Gebieten sehr aufwändig sein. Stattdessen öfter mit Zugseil im Keller trainieren.

- Auch Radtraining geht schneller, wenn man gelegentlich zu Hause auf der Rolle kurbelt. Das geht ohne viel Aufwand.

- Öfter mal mit Freunden trainieren – damit man die auch mal wieder sieht. Dabei gilt: Der Stärkere hat mehr davon, wenn er sich dem Schwächeren anpasst, als umgekehrt.

- Den Weg ins Büro kann man auch – je nach Entfernung – laufend oder auf dem Rad zurücklegen. Gegebenenfalls mit Umweg, denn mindestens eine halbe Stunde sollte man schon unterwegs sein. Viele Firmen haben inzwischen für solche Fälle auch Duschen.

*Nicole beim Zugseiltraining zur Kräftigung der schwimmspezifischen Muskulatur.*

## Krafttraining

Muskeln sind für den Triathleten notwendig, klar. Aber irgendwie sind sie auch hinderlich. Denn Muskelmasse ist auch Gewicht, das über die Distanz transportiert werden muss – und Luftwiderstand. Deshalb ist es besonders wichtig, Muskelmasse behutsam aufzubauen und eher mit Blick auf Kraftausdauer, als auf Muskelpakete.

Für das Krafttraining bedeutet dies: Leichte Übungen mit vielen Wiederholungen sind harter Eisenbiegerei im Studio vorzuziehen.

Der Triathlet braucht Kraft in den Armen und Beinen für einen kraftvollen Durchzug beim Schwimmen. Beim Radfahren werden Bein-, Arm- und Oberkörpermuskulatur besonders bei Gegenwind und Steigung (Wiegetritt) sowie bei Sprints beansprucht. Beim Laufen müssen die Muskeln das Körpergewicht transportieren.

Wir machen unser Krafttraining deshalb meistens innerhalb des Trainings der einzelnen Sportarten als kurze Einheiten.

Beim Schwimmen ist der Einsatz von Paddels zu empfehlen und gezieltes, langsames aber kraftvolles Durchziehen der Arme.

Beim Radfahren kann man sich gezielt Steigungen suchen oder kurzzeitig in hohen Gängen fahren, um die Beinmuskulatur zu belasten. Es gibt Radsportler, die machen nie separates Krafttraining, sondern machen das alles auf dem Rad am Berg. Beim Laufen sind ebenfalls kupierte Strecken wie Brücken oder leichte Hügel zur Erhöhung der Kraftausdauer zu empfehlen.

Wichtig vor allen Krafteinheiten: Die Muskeln müssen unbedingt warm sein. Man beginnt mit den Kraftübungen also erst zwanzig Minuten nach Beginn des Trainings. Anschließend ist Stretching sinnvoll.

Kraftübungen gibt es unzählige und wir werden in diesem Buch nicht detailliert darauf eingehen. Wie sie ins Training einzubauen sind (und mit welcher Intensität), erörtern wir bei der Trainingsplanung.

*Für mich hat Krafttraining noch eine andere Bedeutung: Ich bin mit gut 80 Kilo einer der Schwereren im Profi-Zirkus. Deshalb bin ich vielleicht auch nicht so geschmeidig beim Laufen wie ein kleiner, wendiger Typ. Aber mein Krafttraining hat mich sicher häufig vor Verletzungen geschützt.*

**Wichtig bei allen Übungen:**

- aufwärmen
- keine schweren Gewichte stemmen
- leichte Übungen
- viele Wiederholungen

# Krafttraining fürs Triathlon – die Leder-Variante

## Beinübungen

### Schienbeinmuskulatur

Kräftigung mit Theraband

Im Strecksitz am Boden ein Theraband in Höhe der Zehengrundgelenke unter Spannung fixieren.

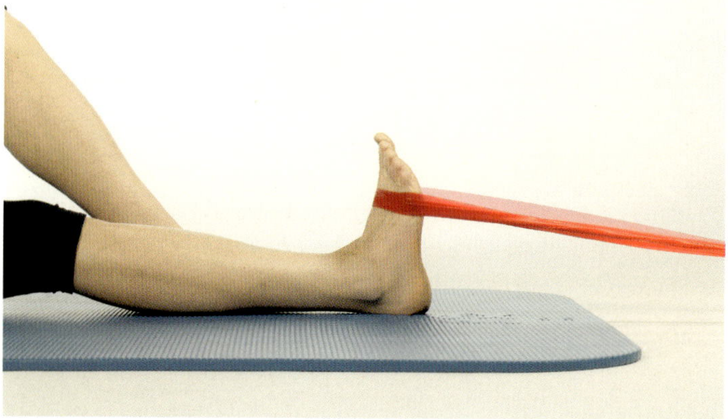

Fußgelenk im Wechsel beugen und strecken.

20 Wiederholen mit beiden Füßen sind ratsam, langsam steigerbar.

## Übungen für Bauch und Rücken

**Gerade Bauchmuskulatur**
Rumpfheben

Auf den Rücken legen und Ober- und Unterschenkel in eine Position von 90 Grad bringen. Arme hinter dem Kopf verschränken, Schulterblätter abheben und leicht nach oben (in Richtung Knie) kommen, bis die Anspannung der Bauchmuskeln zu spüren ist. Nicht ganz absetzen, sondern Spannung halten. 15-20 Wiederholungen (beliebig steigerbar).

**Rumpfmuskulatur**
Unterarmstütz

In Bauchlage die Zehen auf den Boden stellen und aus dem Unterarmstütz das Becken so weit vom Boden abheben, bis der Körper gestreckt ist (nicht das Gesäß ausstrecken). Bauch-, Rücken- und Gesäßmuskulatur anspannen.

Nun einfach 30 Sekunden halten. Das Ganze mindestens einmal wiederholen und je nach Trainingszustand bis zu einer Minute steigern.

Bankstellung rücklinks

Beine mit angewinkelten Knien aufstellen und die Arme neben dem Körper ablegen. Becken so weit anheben, dass Knie, Bauch und Schultern eine gerade Linie bilden. Rücken und Bauch dabei anspannen und 30 Sekunden halten (beliebig steigerbar).

**Seitliche Rumpfmuskulatur**
Seitstütz

In Seitlage und Unterarmstütz die Hüfte so weit vom Boden abheben, dass der Körper durch Anspannung der Rumpf-, Gesäß- und Beinmuskulatur eine Gerade bildet (auch die Waden sollten vom Boden abgehoben werden). Füße anziehen und auf den äußeren Rand des unteren Fußes stützen.
Die Spannung circa 30 Sekunden halten und dann die Seite wechseln.

**Rücken- und Gesäßmuskulatur**
Vierfüßlerstand

Bankstellung einnehmen und rechten Arm und linkes Bein horizontal ausstrecken. Nicht überstrecken (kein Hohlkreuz). Bei fixiertem Becken 20 bis 30 Sekunden die Spannung halten! Nun Arm und Bein wechseln und erneut die Spannung halten.

## Bizepscurl

Leichte Schrittstellung einnehmen. Die Arme werden neben dem Körper 90 Grad angewinkelt. Die Handflächen zeigen nach oben.

Die Ellenbogen können auf die Hüften gestützt werden.

Unterarme bis zur Brust anbeugen. Dabei immer die Körperspannung halten und das Handgelenk fixieren, sodass sich nur der Unterarm bewegt.

**Trizeps**
Zugseil, Trizepscurl

Leichte Schrittstellung einnehmen. Arme auf Schulterhöhe rechtwinklig anbeugen. Handflächen zeigen nach vorne. Nun die Unterarme strecken. Darauf achten, dass die Hände gestreckt bleiben und langsam zurückkommen.

Arme nicht nach unten drücken, nur strecken!

3 Serien á 30 bis 40 Züge, ein bis zwei Minuten Pause zwischen den Serien.

Serien (bis zu 5) und Zugzahl (bis 50) können je nach Trainingszustand gesteigert werden.

**Schwimmspezifische Muskeln**
Zugseil, Kompletter Zug

Ein Zugseil lässt sich in jeder Wohnung, notfalls im Treppenhaus befestigen.

Bei der Durchführung des Zugs ist darauf zu achten, dass die Bewegung der Schwimmbewegung entspricht.

Die eigene Standposition ist dort, wo das Seil schon etwas vorgespannt ist. Mit vorgebeugtem Oberkörper steht der Athlet breitbeinig da und greift in die Zugseilschleifen.
Bei jeder Zugbewegung ist der Ellenbogen wie beim Schwimmen hochzuhalten bzw. in der Anfangsphase »stehen« zu lassen. Keine Faust machen, da die Übung schwieriger kontrolliert werden kann.
Beim kompletten Zug werden Zug- und Druckphase trainiert, d.h. der Zug wird bis zur vollständigen Streckung der Arme ausgeführt (vgl. Abb.).

Kraftausdauertraining besteht aus langen Serien mit geringer Belastung. Eine Serie sollte 30-50 Züge umfassen. Bei drei Serien sollte die Pause ein bis zwei Minuten betragen.

Belastungsunterschiede kommen durch folgende Variablen zu Stande:
1. Seil mehr spannen
2. kürzere Pausen
3. größere Zugzahlen
4. mehr Serien

Zugseil, Zug vorne
Hier wird die erste Phase des Schwimmens (Zugphase) simuliert.

Beine leicht auseinander und Füße parallel aufstellen. Den Oberkörper nach vorne beugen und Arme strecken. Den Unterarm bis zu einem Winkel von 90 Grad anbeugen. Dabei muss der Ellenbogen »stehen« bleiben, möglichst auf Schulterhöhe.

Zugseil, Zug hinten
Hier wird die zweite Phase des Schwimmens (Druckphase) trainiert.

Beinstellung und Haltung des Oberkörpers wie beim Zug vorne. Der Ellenbogen befindet sich auf Schulterhöhe und der Unterarm ist senkrecht 90 Grad angewinkelt. Handflächen offen lassen, wie beim Schwimmen. Dann die Arme vollständig bis hinten durchstrecken. Dabei Handflächen nicht schließen.
Wiederholungen: siehe Trizepscurl.

**Brust-, Schulter- und Arm-streckermuskulatur**
Liegestütz

In Bauchlage die Hände in Schulterhöhe auf dem Boden aufsetzen. Von Kopf bis Fuß Ganzkörperspannung erzeugen. Stützpunkte sind nur die Zehen und die Hände. Je nach Trainingszustand 15 bis 20 Liegestütze (Anzahl der Wiederholungen individuell variabel).

Im Ausatmen nach oben drücken, wobei die Ellenbogengelenke nicht ganz durchgestreckt werden sollen. Soll der Schwerpunkt der Übung auf der Kräftigung der Arm-streckmuskulatur liegen, müssen die Hände eng nebeneinander aufsetzt werden und beim Absenken des Körpers die Ellenbogen dicht am Körper anliegen. Liegt der Schwerpunkt auf einer Kräftigung der Brustmuskulatur, so müssen die Hände weiter auseinander genommen werden und die Ellenbogen beim Absenken des Körpers zur Seite zeigen.

**Knieliegestütz**

Bei mangelnder Rumpfstabilität oder -kraft und Rückenproblemen können Liegestütze auch als Knieliegestütze ausgeführt werden. Die Stützpunkte sind dann Hände und Knie. Während der ganzen Übung den Hüftwinkel nicht verändern. Knie, Po und Schultern ergeben eine Linie.
Wir empfehlen 15 bis 20 Wiederholungen. Die Anzahl kann individuell gesteigert werden.

*»Wenn ich ehrlich bin, dann mache ich meinen Trainingsplan oft im Nachhinein.«*

## Trainingsplanung

Wenn man begriffen hat, wie sich der Körper auf Leistungsreize einstellt (z.B. Superkompensation), dann ist es nicht schwer nachzuvollziehen, dass Training Systematik braucht. Einmal in der Woche auspowern und dann wieder nichts, das ist eher schädlich als nützlich. Ausdauer aufbauen kann man so nicht.

Nun kann man natürlich Trainingspläne in jeder Zeitschrift finden und überall im Internet. Aber ob diese Pläne auch zu dem eigenen Trainingsbedarf, vor allem zum eigenen Lebensrhythmus passen, ist eine andere Frage.

Gerade als Freizeitsportler hat man noch viele andere Dinge zu tun, und wenn man verbissen einem zu engen Trainingsplan folgt, bekommt man schnell Ärger: mit dem eigenen Körper, mit dem Partner oder mit dem Chef.

## Die Leder-Variante: Richtlinien und Grundlagen für einfaches Trainingsdenken

Unsere Trainingspläne sehen immer sehr einfach aus und richten sich nicht nur nach dem Leistungsstand, sondern auch nach der Zeit, die wir zur Verfügung haben. In einer Woche, die mit Sponsorenterminen voll gestopft ist, kann man nicht so viel machen. Das muss der Plan berücksichtigen, sonst hat man ständig ein schlechtes Gewissen, und das ist auch lästig.

*Wenn ich ehrlich bin, dann mache ich meinen Trainingsplan oft im Nachhinein. Dann sitze ich am Samstag da und schreibe auf, was ich in der Woche so getan habe. Dann kann ich entscheiden, ob das genug war oder sogar zu viel. Danach richtet sich der Trainingsplan der folgenden Woche.*

*Es ist sowieso sinnvoll, Training im Monatszyklus zu organisieren: drei Wochen lang langsam steigern, dann eine Woche sehr ruhig und dann wieder von vorne. Der größte Teil unseres Trainings findet im Grundlagenausdauerbereich statt (GA1 und GA2).*

Wichtigstes Messinstrument für die Trainingsintensität ist der Pulsmesser. Die Trainingseinheiten werden nach den oben genannten Trainingsbereichen eingeteilt, also in Prozent der maximalen Herzfrequenz. Diese Bereiche sind anatomisch gegeben und verändern sich nur sehr langsam mit wachsendem Trainingserfolg. Der stellt sich ein, wenn wir innerhalb der Trainingsbereiche die Trainingsdauer erhöhen und damit Reize für den Superkompensationseffekt schaffen.

Konkret: Die Trainingsintensität kann immer gleich bleiben, wenn wir die Trainingsdauer allmählich steigern.

## Triathlon-Training für Finisher – von Lothar und Nicole Leder

Alle Trainingspläne für Ausdauersportarten basieren mehr oder weniger auf dem Prinzip der Superkompensation. Training langsam steigern, dazwischen Regeneration. Das führt Schritt für Schritt zu verstärkter Ausdauerleistung.

Für einen mittelfristigen Trainingsplan von ein paar Monaten bedeutet dies, dass man gleichzeitig die Trainingsdauer (in Stunden) und die Trainingsintensität (in den o.a. Intensitätsbereichen) behutsam steigern muss.

*Völlig erschöpft, aber überglücklich überquert Nicole das Ziel in Roth.*

Viele Trainingspläne arbeiten als festgezurrte Kalender, die für bestimmte Tage bestimmte Sportarten und bestimmte Umfänge vorschreiben. Dieses starre Muster lässt sich von Freizeitsportlern selten einhalten, was zu Trainingsrückständen, schlechtem Gewissen und in der Folge zu Trainingsabbruch oder zu planlosem Training führt. Für dieses Buch haben wir einen Trainingsplan entwickelt, der einfacher und flexibler ist.

Die Grundüberlegung ist einfach: Man sollte jede der drei Sportarten mindestens einmal pro Woche trainieren. Wenn es mit einer der Sportarten in einer Woche mal nicht klappt, dann sollte man zum Ausgleich wenigstens eine der anderen beiden trainieren.

Der Trainingsplan ist so aufgebaut, dass er beim Anfänger beginnt, der in der Woche drei Tage trainiert, ausschließlich im Grundausdauerbereich 1. Allmählich werden Trainingsumfang und -intensität gesteigert.

Ziel des ersten Trainingsblocks »Volkstriathlon« ist das Finishen der kürzesten Distanz. Dann ist der nächste Trainingsblock dran, der zum Finishen eines Kurztriathlons führt. Und so weiter. Fortgeschrittene und gut Trainierte steigen auf höherer Stufe in den Trainingsplan ein. Beim Ausdauertraining spielt sich alles Entscheidende in GA1 und GA2 ab. Deshalb gilt es, zwischen diesen Bereichen, täglich, wöchentlich oder innerhalb einer Trainingseinheit zu wechseln.

Der Wechsel zwischen GA1 und GA2 und gelegentlich auch dem Wettkampfspezialausdauerbereich (WSA) kann über Fahrtspiele in jede Trainingseinheit eingebaut werden.

Die Trainingstage und -einheiten sind natürlich so auf die Trainingswoche zu verteilen, dass immer genug Regeneration dazwischen liegt. Nicht abends zwei Einheiten trainieren und dann am nächsten Tag morgens schon wieder zwei. Nicht drei Tage hintereinander trainieren und dann vier Tage Pause.

*»Wer so trainiert, wird mit Anstand in respektabler Zeit über die Distanz kommen.«*

Dieses flexible Trainingsschema macht es möglich, den Trainingsplan jede Woche neu den Anforderungen des Terminkalenders anzupassen. Wer auf Geschäftsreise muss, nimmt die Laufschuhe mit. Wer dem Regen entfliehen will, geht ins Schwimmbad. Wer tagelang schönes Wetter hat, fährt Rad. Grundsätzlich ist natürlich darauf zu achten, dass man alle Sportarten auf mehrere Wochen betrachtet gleichwertig trainiert. Krafttraining und Stretching sind zwischen den Trainingseinheiten ebenfalls notwendig, im Plan jedoch nicht berücksichtigt. Der Trainingsplan ist so aufgebaut, dass er vom Anfänger bis zum Ironman-Aspiranten alle Trainingsstände abdeckt.

*Dies ist, wie der Name schon sagt, ein Training für Finisher. Das heißt: Wer so trainiert, wird mit Anstand in respektabler Zeit über die Distanz kommen. Es ist kein Trainingsprogramm für Sieger. Um das Letzte herauszuholen, um neben der Ausdauer auch die Schnelligkeit zu steigern, bedarf es eines individuellen Trainingsplans. Als Profi trainiert man mehr und erheblich gezielter. Das ist auch deshalb nötig, weil der Superkompensationseffekt mit zunehmender Leistung immer geringer wird. Da muss man die kurze Phase, in der man mit neuen Trainingsimpulsen zu mehr Leistung kommt, genauer abpassen.*
*Wir haben für dieses Buch ganz bewusst eine Trainingsplanung gewählt, die es Einsteigern und ambitionierten Amateuren leicht macht.*

In den Kapiteln zu den einzelnen Disziplinen finden sich zusätzliche Trainingsprogramme.

## 12-Wochen-Trainingsplan für Finisher

Die angegebenen Zeiten beziehen sich auf den aufgewärmten Zustand. 10 Minuten aufwärmen kommen also noch hinzu. Ausführliche Trainingspläne zum Kopieren siehe Seite 117.

### Volkstriathlon

| | Trainings-tage | Ruhe-tage | Schwimmen min. | Bereich | Rad min. | Bereich | Laufen min. | Bereich | Bemerkung |
|---|---|---|---|---|---|---|---|---|---|
| 1. Woche | 3 | 4 | 15 | GA 1 | 45 | GA 1 | 30 | GA 1 | |
| 2. Woche | 3 | 4 | 15 | GA 1 | 45 | GA 1 | 40 | GA 1 | |
| 3. Woche | 3 | 4 | 20 | GA 1 | 45 | GA 1 | 30 | GA 1 | |
| 4. Woche | 3 | 4 | 15 | GA 1 | 60 | GA 1 | 30 | GA 1 | |
| 5. Woche | 3 | 4 | 15 | GA 1.2 | 45 | GA 1.2 | 30 | GA 1.2 | |
| 6. Woche | 3 | 4 | 15 | GA 1.2 | 45 | GA 1.2 | 40 | GA 1.2 | |
| 7. Woche | 3 | 4 | 20 | GA 1.2 | 45 | GA 1.2 | 30 | GA 1.2 | |
| 8. Woche | 3 | 4 | 15 | GA 1.2 | 60 | GA 1.2 | 30 | GA 1.2 | |
| 9. Woche | 4 | 3 | 2 x 15 | GA 1.2 | 45 | GA 1.2 | 30 | GA 1.2 | kurzzeitig GA 2 |
| 10. Woche | 4 | 3 | 15 | GA 1.2 | 2 x 45 | GA 1.2 | 40 | GA 1.2 | kurzzeitig GA 2 |
| 11. Woche | 4 | 3 | 20 | GA 1.2 | 45 | GA 1.2 | 2 x 30 | GA 1.2 | kurzzeitig GA 2 |
| 12. Woche | 4 | 3 | 2 x 15 | GA 1.2 | 60 | GA 1.2 | 30 | GA 1.2 | kurzzeitig GA 2 |

### Kurztriathlon

| | Trainings-tage | Ruhe-tage | Schwimmen min. | Bereich | Rad min. | Bereich | Laufen min. | Bereich | Bemerkung |
|---|---|---|---|---|---|---|---|---|---|
| 13. Woche | 4 | 3 | 30 | GA 1.2 | 90 | GA 1.2 | 45 | | |
| 14. Woche | 4 | 3 | 30 | GA 1.2 | 90 | GA 1.2 | 60 | | |
| 15. Woche | 4 | 3 | 40 | GA 1.2 | 90 | GA 1.2 | 45 | | |
| 16. Woche | 4 | 3 | 30 | GA 1.2 | 120 | GA 1.2 | 45 | | |
| 17. Woche | 4 | 3 | 30 | GA 1.2 | 90 | GA 1.2 | 45 | | kurzzeitig GA 2 |
| 18. Woche | 4 | 3 | 30 | GA 1.2 | 90 | GA 1.2 | 60 | | kurzzeitig GA 2 |
| 19. Woche | 4 | 3 | 40 | GA 1.2 | 90 | GA 1.2 | 45 | | kurzzeitig GA 2 |
| 20. Woche | 4 | 3 | 30 | GA 1.2 | 120 | GA 1.2 | 45 | | kurzzeitig GA 2 |
| 21. Woche | 5 | 2 | 2 x 30 | GA 1.2 | 90 | GA 1.2 | 45 | | Intervall bzw. Fahrtspiel |
| 22. Woche | 5 | 2 | 30 | GA 1.2 | 2 x 90 | GA 1.2 | 60 | | Intervall bzw. Fahrtspiel |
| 23. Woche | 5 | 2 | 40 | GA 1.2 | 90 | GA 1.2 | 2 x 45 | | Intervall bzw. Fahrtspiel |
| 24. Woche | 5 | 2 | 30 | GA 1.2 | 120 | GA 1.2 | 45 | | Intervall bzw. Fahrtspiel |

## Half-Ironman

| | Trainings-tage | Ruhe-tage | Schwimmen min. | Bereich | Rad min. | Bereich | Laufen min. | Bereich | Bemerkung |
|---|---|---|---|---|---|---|---|---|---|
| 25. Woche | 4 | 3 | 2 x 45 | GA 1.2 | 2 x 90 | GA 1.2 | 45 | | 1 x R & S an 1 Tag |
| 26. Woche | 4 | 3 | 45 | GA 1.2 | 2 x 90 | GA 1.2 | 2 x 45 | | 1 x R & L an 1 Tag |
| 27. Woche | 4 | 3 | 2 x 45 | GA 1.2 | 90 | GA 1.2 | 2 x 45 | | 1 x S & L an 1 Tag |
| 28. Woche | 4 | 3 | 45 | GA 1.2 | 2 x 90 | GA 1.2 | 45 | | |
| 29. Woche | 5 | 2 | 2 x 45 | GA 1.2 | 90 | GA 1.2 | 45 | | kurzzeitig GA 2 |
| 30. Woche | 5 | 2 | 45 | GA 1.2 | 2 x 90 | GA 1.2 | 45 | | kurzzeitig GA 2 |
| 31. Woche | 5 | 2 | 45 | GA 1.2 | 90 | GA 1.2 | 2 x 60 | | kurzzeitig GA 2 |
| 32. Woche | 5 | 2 | 2 x 45 | GA 1.2 | 90 | GA 1.2 | 60 | | kurzzeitig GA 2 |
| 33. Woche | 5 | 2 | 2 x 45 | GA 1.2 | 90 | GA 1.2 | 45 | | Intervall bzw. Fahrtspiel |
| 34. Woche | 5 | 2 | 45 | GA 1.2 | 2 x 90 | GA 1.2 | 45 | | Intervall bzw. Fahrtspiel |
| 35. Woche | 5 | 2 | 45 | GA 1.2 | 90 | GA 1.2 | 2 x 60 | | Intervall bzw. Fahrtspiel |
| 36. Woche | 5 | 2 | 2 x 45 | GA 1.2 | 90 | GA 1.2 | 60 | | Intervall bzw. Fahrtspiel |

Wer so weit gekommen ist, der kann für einen Ironman trainieren. Wobei wir hier jetzt nicht mehr Tage und Zeiten angeben, sondern Distanzen pro Woche. Dabei sollte das Training pro Tag zwei Stunden nicht überschreiten. Am Wochenende sind längere Einheiten auf dem Rad sinnvoll. Regenerationszeiten sind sehr wichtig. Besser ist es, die Solldistanz in einer Woche mal nicht zu schaffen, als Übertraining zu riskieren. Es muss aber auch klar sein: Wer diesen Trainingsplan durchzieht, der hat nicht mehr viel Zeit für andere Dinge.

## Ironman

| | Trainingstage | Ruhetage | Schwimmen | Bereich | Rad | Bereich | Laufen | Bereich |
|---|---|---|---|---|---|---|---|---|
| 37. Woche | 6 | 1 | 2500 m | GA 1.2 | 100 km | GA 1.2 | 25 km | GA 1.2 |
| 38. Woche | 6 | 1 | 2500 m | GA 1.2 | 100 km | GA 1.2 | 25 km | GA 1.2 |
| 39. Woche | 6 | 1 | 2600 m | GA 1.2 | 110 km | GA 1.2 | 26 km | GA 1.2 |
| 40. Woche | 6 | 1 | 2600 m | GA 1.2 | 110 km | GA 1.2 | 26 km | GA 1.2 |
| 41. Woche | 6 | 1 | 2700 m | GA 1.2 | 120 km | GA 1.2 | 27 km | GA 1.2 |
| 42. Woche | 6 | 1 | 2700 m | GA 1.2 | 120 km | GA 1.2 | 27 km | GA 1.2 |
| 43. Woche | 6 | 1 | 2800 m | GA 1.2 | 130 km | GA 1.2 | 28 km | GA 1.2 |
| 44. Woche | 6 | 1 | 2800 m | GA 1.2 | 130 km | GA 1.2 | 28 km | GA 1.2 |
| 45. Woche | 6 | 1 | 2900 m | GA 1.2 | 140 km | GA 1.2 | 29 km | GA 1.2 |
| 46. Woche | 6 | 1 | 2900 m | GA 1.2 | 140 km | GA 1.2 | 29 km | GA 1.2 |
| 47. Woche | 6 | 1 | 3000 m | GA 1.2 | 150 km | GA 1.2 | 30 km | GA 1.2 |
| 48. Woche | 6 | 1 | 3000 m | GA 1.2 | 150 km | GA 1.2 | 30 km | GA 1.2 |

Deda
ELEMENTI
CUBE
AIRGUN
SKS

# AUSRÜSTUNG

## Was man braucht und was es kostet

Natürlich sollte der Anfänger jede Materialschlacht vermeiden. Es lohnt nicht, viel Geld auszugeben, wenn man noch gar nicht beurteilen kann, was man an das Rad, an die Schuhe oder an die Kleidung für Anforderungen hat.

Fortgeschrittene werden aber bereits festgestellt haben, dass man mit erstklassigem Material nicht nur mehr Spaß bei Training und Wettkampf hat, sondern auch mehr Erfolg. Es ist ein Unterschied, ob ein Rad elf Kilo wiegt oder acht. Und es ist auch ein Unterschied, ob nach ein paar Kilometern Laufen die Füße schon schmerzen oder nicht.

Kurz: Der Anfänger kann mit den Sachen beginnen, die er hat, und erste Trainingseinheiten und Kurzstreckenwettbewerbe absolvieren. Da hat man schon Hollandräder am Start gesehen – wobei das nun vielleicht doch des Schlechten zu viel ist. So bleiben die Kosten nahe Null.

Mit steigender Leistung und Begeisterung wird man die Ausrüstung dann nach und nach ersetzen. Bessere Schuhe, ein neues Rad, einen Neoprenanzug. Für eine vollständige Triathlonausrüstung der Mittelklasse wird man mit der Zeit sicher 3000 bis 4000 Euro hinblättern. Dabei ist das Rad natürlich der mit Abstand größte Posten.

## Allgemeines

*Pulsuhr*

Wichtigste Ausstattung fürs Training aller Disziplinen: die **Pulsuhr**. Gute Pulsuhren zeigen nicht nur die aktuelle Herzfrequenz, sondern speichern Maximalfrequenz und Durchschnitt, errechnen Kalorienverbrauch und Fettverbrennungsanteil. Stop- und Zeituhr sind immer mit drin. Preis: 50 bis 100 Euro.

Wer noch etwas mehr Hightech haben will, der nimmt eine Uhr mit PC-Schnittstelle, die es erlaubt, die Daten auf den PC zu übertragen und dort zu speichern und auszuwerten. Preis: 150 bis 200 Euro. Neu auf dem Markt: Pulsuhren, die auch die Laufdistanz und die Geschwindigkeit messen. Preis: um 350 Euro.

*Es gibt Pulsuhren, die kosten bis zu 600 Euro. Damit kann man dann alles messen, auch vieles, was einen wirklich nicht interessiert. Wir raten ab von teurem Hightech. Wir fahren auch mit ganz einfachen Uhren sehr gut.*

## Schwimmen

Anfänger absolvieren ihren ersten Triathlon am besten im Sommer und schwimmen in **Badehose**. Praktischer, vor allem in der Wechselzone, ist ein einteiliger **Triathlonanzug** mit einem Einsatz zum Radfahren in der Hose. Diese speziellen Triathlonanzüge sind aus extrem schnell trocknendem Material. Man behält sie auf dem Rad an. Preis: ab 100 Euro.

*Wir ziehen seit Jahren die einteiligen Triathlonanzüge den Zweiteilern aus Top und Hose vor. Der Einteiler schützt die Nieren besser, und auch eine längere Hose ist bei mitteleuropäischem Klima häufig besser, als die ganz kurze Badehose.*

Eine **Schwimmbrille** ist sowohl im Schwimmbad als auch in natürlichen Gewässern dringend notwendig zum Schutz der Augen. Was da oft als kostenloses Goodie in den Starterbeuteln von Jedermann-Veranstaltungen zu finden ist, kann man getrost in den Müll werfen. Eine gute, passende Brille hält durch den Unterdruck kurz auch ohne Gummi am Gesicht. Preis: ab 15 Euro.

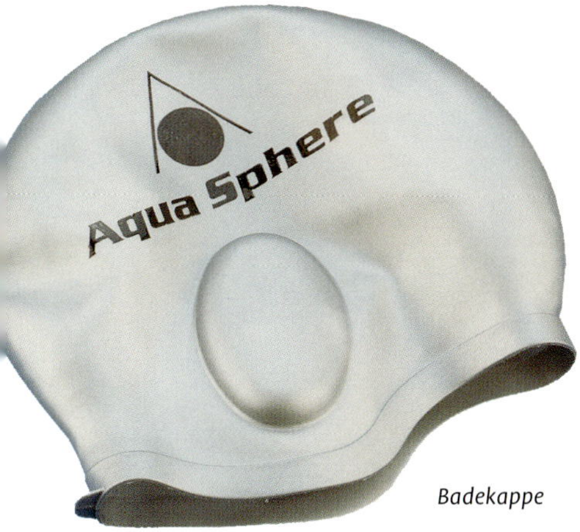


*Badekappe*

Eine **Badekappe** schützt bei langen Distanzen etwas vor dem Auskühlen. Bei Wettbewerben wird sie meist gestellt und ihr Tragen ist dann vorgeschrieben. Ansonsten besser Kappen aus Silikon verwenden. Latex löst sich schnell auf, das ist eine klebrige Sauerei.

*Wichtiger Wettkampf-Tipp, der aber auch im Training nützt: Immer zwei Badekappen aufsetzen. Erst die eine, dann Schwimmbrille drüber und dann die andere. So ist das Brillenband durch die zweite Kappe gesichert und die Brille kann dir im Gewühl des Schwimmstarts nicht vom Kopf gerissen werden. Ich trage selbst im warmen Wasser von Hawaii zwei Kappen.*

**Ohrstöpsel** und **Nasenklammer** werden von Sportlern verwendet, die empfindlich gegen Wasser in Nase und Ohr sind.

*Handpaddel*

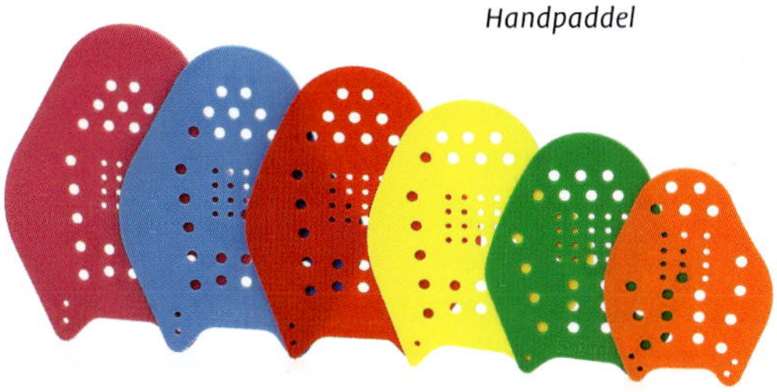

Mit **Paddel** und **Pullbuoy** macht man sich das Schwimmtraining etwas anspruchsvoller. Paddel werden an den Händen befestigt und erhöhen den Wasserwiderstand beim Durchziehen der Arme. Das ist nicht nur ein gutes und schonendes Krafttraining, es hilft auch falsche Handstellungen zu korrigieren. Der Pullbuoy wird zwischen die Beine geklemmt und gibt so Auftrieb und stellt die Beine ruhig, um nur die Armzugkraft und die Armtechnik zu trainieren.

*Pullbuoy*

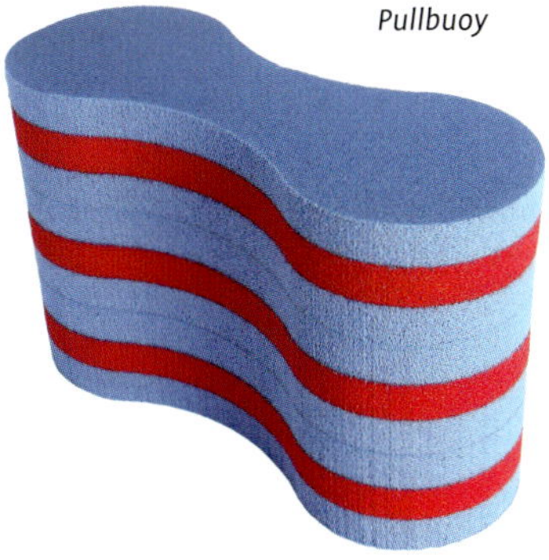

Flossen

Aqua-Board

Auch **Flossen** und **Schwimmbrett** sind für ein optimales Schwimmtraining zu empfehlen.

Der **Neoprenanzug** schließlich ist die Gretchenfrage jedes Freizeit-Triathleten, denn ein guter Neo ist teuer. Billige Tauch- oder Surfanzüge (ab 70 Euro) sind nicht wirklich geeignet. Sie sind zu dick, haben Nähte, an denen man sich wund scheuert, und sind für das schnelle Ausziehen in der Wechselzone nicht gemacht. Wer ernsthaft, auch im Frühling und Herbst, an Triathlonveranstaltungen teilnehmen will, der braucht einen richtigen Schwimmanzug, und der kostet ab 300 Euro aufwärts. Besonders dann, wenn es über längere Distanzen gehen soll. Bei 1500 Metern Schwimmstrecke kann man nämlich schon ganz schön auskühlen. Der Neo hat auch einen Sicherheitsaspekt, wirkt er doch ein bisschen wie eine Schwimmweste.

Bei den meisten Veranstaltungen ist der Neo oberhalb 21 Grad Wassertemperatur übrigens verboten, da er Auftrieb bringt und damit Vorteile. Unterhalb 17 Grad kann die Wettkampfleitung das Tragen hingegen zur Pflicht machen. Wer dann keinen hat, ist raus aus dem Rennen.

Es lohnt sich auch mal nach gebrauchten Neos Ausschau zu halten, im Verein oder bei Internetauktionen.

Neoprenanzug

## Radfahren

Das **Rad** ist der teuerste Posten auf dem Wunschzettel des Triathleten. Und gleichzeitig der schwierigste, denn das Angebot ist riesig und unüberschaubar.

Mindestens empfehlen wir ein ordentliches Rennrad. Kein Trekkingrad, kein Mountainbike, schon gar kein normales Stadtrad. Gewicht, Sitzposition, Schaltung, Rollwiderstand der Reifen – das alles ist nur beim Rennrad so, wie wir es für den Triathlon brauchen.

Ein komplettes **Rennrad** gibt es bereits ab 1000 Euro. Mit steigendem Preis wird dann der Rahmen leichter und steifer und die Komponenten wie Schaltung und Bremsen ebenfalls leichter, mechanisch exakter und aerodynamisch vorteilhafter. So kann man gut und gerne 4000 bis 5000 Euro loswerden.

Der **Rahmen** des Rennrades ist der klassische Diamant-Rahmen, wie wir ihn aus dem Tourensport kennen. Er ist aus Stahl (günstig und dann etwas schwerer, dabei flexibel), Aluminium (etwas teurer und dann leicht, sehr steif), Carbon (teuer und sehr leicht) oder Titan (sehr teuer und super leicht). Diese Rahmen sind natürlich auch im Triathlonsport zu gebrauchen.

Der spezielle **Triathlonrahmen** unterscheidet sich allerdings wesentlich vom Rennradrahmen durch den anderen Sitzrohrwinkel, der beim Rennrad 72 bis 74 Grad beträgt, beim Triathlonrad hingegen 75 bis 78,5 Grad. Mit diesem Winkel bekommt man eine bequemere Position auf dem Aero-Lenker.

Triathlon-Rahmen haben häufig auch einen konischen Querschnitt, der den Windwiderstand verringert. Wer nicht wirklich um Sekunden kämpft, ist mit seinem Rennrad aber bestens ausgestattet.

*Kein einheitliches Bild – bei den meisten Wettkämpfen sieht man alles – vom Drahtesel bis zum Superbike.*

*Ich fahre derzeit einen Carbon-Rahmen der Marke Cube, der extrem leicht ist und ein windschlüpfriges, flaches Profil aufweist. Schaltung und Bremsen sind das Beste von Shimano: die Dura Ace-Gruppe.*

*Nicole hat einen Alu-Rahmen von Cube und ebenfalls eine Dura Ace-Gruppe.*

*Triathlon-Rahmen von Cube, Aerium Laser Line*

Am **Lenker** scheiden sich nicht nur die Geister, sondern auch die Wettkampfrichter. Der übliche Rennbügel ist nie verkehrt, aber er verlangt eine recht breite Haltung der Schultern, was den Windwiderstand erhöht. Beim Triathlonlenker nimmt man die Arme auf der Lenkermitte zusammen und verringert die Angriffsfläche des Windes. Triathlonlenker sind oft dort verboten, wo Windschattenfahren erlaubt ist, bei Olympischen Spielen zum Beispiel. Die weit nach vorn ausladenden Hörner für Unterarme und Hände sind beim Gerangel im Peloton gefährlich. Im Windschatten braucht man den Effekt ja auch nicht. Beim Training in der Gruppe ist aus Sicherheitsgründen nur der klassische Rennlenker zu empfehlen.

*Triathlon-Lenker von Profile Carbon X*

Alternative und Mittelding sind so genannte Triathlon-ClipOns: Kurze Griffe, die auf die Lenkermitte montiert werden und auch das Zusammennehmen der Schultern erlauben. Vorteil: Sie können demontiert werden, wenn Triathlon-Zubehör am Lenker nicht erlaubt ist. Nachteil: Eine Bremse ist hier nicht montiert. Zum Bremsen muss umgegriffen werden.

*»Shimano oder Campagnolo? Geschmackssache.«*

Als **Schaltung** werden die üblichen Rennradschaltungen verwendet. Anfänger und Sportler, die viel in bergigem Gebiet unterwegs sind, nehmen vorne drei Kettenblätter, ansonsten kommt man mit zweien aus. Hinten hat man derzeit neun bis zehn Ritzel. Es kommen ausschließlich Komponenten von Shimano und Campagnolo zum Einsatz.

*Shimano (Japan) und Campagnolo (Italien) bieten Gruppen in verschiedenen Preisklassen an und genießen beide einen exzellenten Ruf im Sport. Was man nimmt ist Geschmackssache. Wer allerdings, wie wir, viel im Ausland unterwegs ist und auch an abgelegenen Orten fährt, der wird das bessere Händlernetz der Japaner schätzen lernen, wenn er mal schnell eine 10-fach-Kette oder Ähnliches benötigt.*

Die **Bremsen** sind Teil der Gruppe und werden passend zur Schaltung ausgewählt.

Ein komplettes Rennrad wird ohne **Pedale** geliefert. Da muss man sich zwischen unüberschaubar vielen Systemen selbst entscheiden. Wichtig beim Triathlon ist, dass die Schuhe nicht zu fest sitzen und schnell aus den Pedalen herausgeklickt werden können.

*Klickpedal*

Wie alles am Rad muss der **Sattel** leicht sein. Und er muss eine besonders flache Haltung erlauben. Wichtig ist: Es gibt Damen- und Herrensättel, denn der kleine Unterschied spielt hier eine große Rolle.

*Sattel*

*Damensattel, Herrensattel – natürlich versuchen die Hersteller auf den kleinen Unterschied mit unterschiedlichen Sattelformen zu reagieren. Aber ich habe auch bei den speziell für Damen entwickelten Modellen kein wirklich optimales gefunden. Mein derzeitiger Favorit: das Modell Arione von Fizik, ein Unisex-Modell, auf dem ich gut und schmerzfrei sitzen kann.*

Aber es muss auch klar sein: Der Hintern, der nach 180 Kilometern nicht doch etwas schmerzt, der muss noch geboren werden. Da hilft auch der beste Sattel nicht.

Bei Straßenradsportveranstaltungen wie den großen Rundfahrten sind die **Laufräder** extremen Belastungen durch schlechte Straßen, extreme Anstiege und Abfahrten ausgesetzt. Beim Triathlon hat man es meistens mit guten Straßen und wenigen Steigungen zu tun. Deshalb kann man bei den Laufrädern etwas auf Stabilität verzichten und Gewicht sparen. So kann man also Räder mit wenigen Speichen oder sogar Carbonräder verwenden (teuer!). Beliebt sind auch die ganz geschlossenen Räder, bei denen keine Speichen die Luft verwirbeln und damit den Luftwiderstand erhöhen können. Großer Nachteil ist die extreme Anfälligkeit gegen Seitenwind, weshalb diese Räder in vielen Wettbewerben auch verboten sind. Preis: nach oben offen. Die Vollcarbonräder von Jan Ullrichs Zeitfahrmaschine kosten um die 2000 Euro. Pro Stück. Auch wenn man nicht so hoch greifen will: Gute Laufräder bringen Vorteile, schlechte bremsen.

Als **Reifen** sieht man neben den herkömmlichen Drahtreifen, in die der Schlauch einfach eingelegt wird, immer mehr Schlauchreifen, bei denen Schlauch, Decke und Laufrad miteinander verklebt sind. Diese Reifen werden mit sehr hohem Druck gefahren und haben fantastische Rolleigenschaften. Nachteil: kurze Lebensdauer, hoher Preis und sehr umständlich zu wechseln.

*Xentis-Aerolaufräder*

*Wir verwenden ausschließlich Drahtreifen. Die sind auch im Training vorteilhaft, wenn man mal einen Platten hat. Beim Wettkampf sind Druckkartuschen zum Aufpumpen ein echter Zeitvorteil, wenn man mal eine Panne hat.*

Es ist keine Frage, ob **Helm** oder nicht, sondern nur, was für einer. Für Wettkämpfe muss er ein Prüfsiegel der SNELL- oder der ANSI-Norm haben, ansonsten muss er gut sitzen und darf nicht verrutschen. Preis ab 75 Euro.

Die Marke Giro ist der Mercedes unter den Helmen: sehr viele Verstellmöglichkeiten für individuelle Passform. Aber auch ein hoher Preis.

*Helm von Giro*

Ein wichtiges Zubehör für Training und Wettkampf ist der **Radcomputer**. Er misst Geschwindigkeit, Distanz, Zeit und Durchschnittsgeschwindigkeit, häufig auch die Leistung in Watt. Auch Geräte mit Höhenmesser und sogar GPS gibt es. Sinnvoll ist auch ein Trittfrequenzmesser, besonders im Training, wenn man bestimmte Belastungsintervalle einhalten will.

Die **Radschuhe** des Triathleten fordern nicht immer nur Radfahren. Er muss mit ihnen in der Wechselzone auch Laufen können. Nicht jeder beherrscht die Technik, während der ersten Radmeter in die bereits auf die Pedale geklickten Schuhe zu schlüpfen und sie während der Fahrt zu schließen.

*Wettkampfschuh von Nike, Mayfly*

Es schadet also nicht, wenn die Radschuhe einigermaßen lauffreundlich sind und das Pedalsystem danach ausgewählt wird, dass das Gegenstück am Schuh nicht zu groß und dick ist. Außerdem sollten die Schuhe in jedem Fall Klettverschlüsse haben, damit man in der Wechselzone nicht Zeit durch Schleifchenbinden verliert. Es gibt Schuhe mit einem einzigen breiten Klettverschluss.

Schuhe aus Carbon sind extrem leicht und halten den Fuß gut fest. Nachteil, wie immer: Sie sind teuer.

Die **Radhose** hat einen Einsatz aus Kunstfaser oder Textil und schont das Gesäß. Es gibt Hersteller, die ein auf das flexible Gesäßpolster abgestimmtes Gel anbieten, mit dem das Gesäßpolster vor dem Anziehen behandelt wird und das Wundwerden verhindert. Effektiv, aber teuer. Radhosen werden ohne Unterhose getragen und der Einsatz von Vaseline oder anderen Cremes ist sinnvoll. Im Wettbewerb hat man oft keine separate Hose, sondern trägt einen Triathlonanzug für den gesamten Wettbewerb. Das Sitzpolster ist etwas dünner als bei der klassischen Radhose, aber das merkt man im Eifer des Wettkampfes sowieso nicht.

Für die Radausfahrt beim Training ist ein herkömmliches **Trikot** mit Rückentaschen für Proviant, Geld, Telefonnummer und Handy sinnvoll. Im Wettkampf ist aber der Triathlonanzug ausreichend. Man spart sich das Anziehen des Trikots nach dem Schwimmen.

**Handschuhe** schützen vor Abrutschen mit schweißnassen Händen und bei Stürzen. Aber da es Zeit kostet, sich in der Wechselzone hineinzupulen, verzichten viele Sportler darauf. Im Training sind sie auf jeden Fall zu empfehlen.

Im Training und auch im Wettbewerb bei extremeren Temperaturschwankungen sind **Armlinge** und **Beinlinge** zu empfehlen. Sie werden wie eine zweite Haut über Arme und Beine gezogen und können, wenn es im Tagesverlauf wärmer wird, heruntergeschoben oder ganz abgestreift werden.

Die **Radbrille** schützt vor Insekten und starker Sonne, aber auch vor Regen und Wind. Sie sollte leicht sein, gut sitzen und austauschbare Gläser, getönte und klare, haben. Ebenso sind Nasenpads sinnvoll. Die Radbrille kann man auch beim Laufen anlassen. Die Brille muss gut sitzen, das Glas darf beim Sturz nicht splittern. Also hier nicht am falschen Ende sparen.

Flaschenhalter, **Trinkflasche** und **Verpflegungstasche** sind auf langen Distanzen überlebensnotwendig. Beim Wettbewerb ist die Radstrecke der Teil des Rennens, bei dem am besten Nahrung und Flüssigkeit aufgenommen werden können. Zwei Trinkflaschen passen in leichte Halter an Rahmenunterrohr und Sattelrohr. Bei

*Trinkflaschen-halter für Sattel*

außergewöhnlicheren Rahmenformen kann man die Flaschen auch in entsprechenden Halterungen hinter dem Sattel oder am Lenker platzieren.

*Die Flaschenhalterung hinter dem Sattel gilt gemeinhin als aerodynamischer. Aber Tests haben nachgewiesen, dass das nicht immer der Fall ist, und wenn, dann ist der Effekt minimal. Nachteilig hingegen ist es, dass die Flaschen aus diesen Halterungen bei Bodenwellen und Bahnschienen leicht herausfallen. Das ist gefährlich für die anderen Fahrer. Und deine Getränke sind weg.*

Der Triathlonanzug hat in der Regel keine großen Trikottaschen wie das Radsporttrikot, da diese beim Schwimmen hinderlich wären. Wer seine Energy-Riegel nicht einfach aufs Oberrohr kleben will, der klemmt eine kleine Tasche an den Rahmen, in die man ausgepackte und mundgerecht geschnittene Verpflegung füllt.

Mehr zum richtigen Umgang mit Verpflegung im Kapitel »Ernährung und Regeneration« ab Seite 78.

*Triathlonrad von Cube, AeriumTeam*

# Laufen

Auf den Schuh kommt es an. Das ist klar. Wir betreiben selbst einen Laufshop in Darmstadt, wo täglich viele Aktive in Schuhfragen beraten werden, und deshalb wissen wir: Den für dich richtigen **Laufschuh** empfehlen wir nicht in einem Buch. Zu individuell sind die Anforderungen. Der eine will einen weicheren Schuh, der andere einen härteren. Es gibt gestützte und neutrale Schuhe. Das Gewicht spielt eine Rolle, der Laufstil, die Beschaffenheit von Zehen und Spann. Manche brauchen Einlagen.

Wir können also nur empfehlen: Laufschuhe kauft man nicht im Internet oder im Kaufhaus, sondern beim Fachhändler, der sich ausgiebig Zeit nehmen soll für Vermessung und Beratung. Die alten Schuhe mitzubringen, kann hilfreich sein. Gute Laufschuhe kosten ab 100 Euro. Das Geld sollte aber besonders beim Laufschuh nicht im Vordergrund stehen.

Nein, es ist nicht egal, welche Socken man trägt. Immer noch sieht man viele Leute in Baumwoll-Frottee-Tennissocken laufen. Die werden nass, werfen Falten und scheuern und drücken nach einigen Kilometern. Socken aus Microfaser sollten Läufer-Standard sein. Wer beim Radfahren auf Socken verzichten kann, sollte sie wenigstens zum Laufen anziehen. Das kann man vor dem Wettkampf ein paarmal üben, damit man sie sich in der Wechselzone richtig zurechtlegt und keine Zeit verliert.

*1994 beim Triathlon in Roth trug ich keine Socken. Nach 25 Kilometern Laufstrecke hatte ich dicke, schmerzende Blutblasen an den Füßen. Unter Höllenqualen bin ich weitergelaufen und habe noch den zweiten Platz gemacht. Mit Socken hätte ich vielleicht gewonnen.*

Die **Kleidung** beim Laufen ist nicht so entscheidend. Beim Training hängt es vom Wetter ab, ob man kurze oder lange Hosen und Trikots trägt. Und es ist Geschmackssache, ob man ein Tight trägt oder weitere Laufhosen. Wichtig ist Funktionsunterwäsche aus Microfaser, die den Schweiß abgibt. Das gute, alte Baumwoll-T-Shirt ist als Laufbekleidung ungeeignet, da es schnell nass und nur sehr langsam wieder trocken wird. Ein Stirnband fängt den Schweiß auf, eine Schirmmütze schützt Kopf und Augen vor Sonne. Mit Mütze läuft man entspannter.

*Trainingsschuh
Nike Air Perseus*

ERDINGER
ALKOHOLFREI
Deutsche Post
World Net
QUELLE.
42
Nicole
CUBE

Nina
JONA

# DISZIPLINEN

# Schwimmen

*Beim Schwimmen muss man sich durchsetzen können, sonst hat man beim Start keine Chance.*

Schwimmen ist sicher für viele Freizeittriathleten die unbeliebteste Disziplin. Den einen ist das Wasser zu kalt, die anderen beherrschen die Kraultechnik nicht zufrieden stellend, der Dritte powert sich beim Schwimmen so aus, dass er die Radstrecke zur Regeneration braucht und wertvolle Zeit verliert.

Klar ist: Für die beim Schwimmen erforderlichen Bewegungsabläufe ist der Mensch nicht gut vorbereitet. Schwimmen ist uns nicht angeboren. Radfahren zwar auch nicht, aber die Bewegungsabläufe sind doch dem Laufen ähnlicher.

Beim Schwimmen muss man einige Probleme gleichzeitig lösen: Man braucht Auftrieb, damit man nicht untergeht. Man braucht Vortrieb, damit man ans Ziel kommt. Und damit man da möglichst schnell und mit möglichst geringem Kraftaufwand ankommt, muss man den Wasserwiderstand des eigenen Körpers noch so gering wie möglich halten.

Alles was wir im Wasser tun, folgt diesen Zielen. Das machen wir schon rein intuitiv so. Um besser und schneller zu werden muss man es nur etwas planvoller und strukturierter tun.
Im Folgenden wollen wir aufzeigen, wie man seine Kraultechnik verbessert und das Schwimmen effektiv trainiert.

## Schwimmtechnik

Der sinnvolle Schwimmstil beim Triathlon ist das Kraulen. Bei einem Volks- oder Kurztriathlon kommt man auch mit Brustschwimmen über die Runden. Aber man ist nicht nur langsamer, das Brustschwimmen ist wegen der Kraft zehrenden Beinarbeit auch anstrengender. Die Delfinlage ist für die langen Distanzen ebenfalls viel zu anstrengend und das Rückenschwimmen kommt aus nahe liegenden Gründen gar nicht in Frage.

Beim Kraulen erzeugen wir den Vortrieb mit den Armen, die Beine unterstützen das nur wenig. Sie sorgen stattdessen für Stabilität und eine gerade

*»Wir empfehlen dringend ein paar Stunden bei einem Schwimmtrainer.«*

Körperhaltung im Wasser zur Reduzierung des Widerstands.

Wichtiger noch als eine effektive Armtechnik ist die richtige Körperhaltung. Messungen haben gezeigt, dass ein Schwimmer mehr davon hat, wenn er durch Haltung den Wasserwiderstand des Körpers reduziert, als wenn er durch Krafttraining den Armzug verstärkt.

Dazu eine einfache Übung: Stoß dich vom Beckenrand ab und gleite nur mit der Energie des Abstoßens ohne Arm- oder Beinbewegungen durchs Wasser. Du wirst schnell ein Gefühl für die richtige Wasserlage erhalten, wenn du das mehrfach wiederholst. Mit etwas Geschick kann man die Strecke, die man so zurücklegt, nur durch die richtige Haltung und Körperspannung verdoppeln. Dabei muss der Körper natürlich sehr gestreckt sein, Arme nach vorne, Füße gestreckt, Kopf gesenkt.

Die Ideallage, die man dadurch erreicht, ist auch die Lage, die man beim Kraulen annähernd erreichen muss. Nur annähernd deshalb, weil man den Vortrieb ja durch Bewegungen erzeugen muss, und die stören immer wieder die Ideallage.

So kommt es beim Kraulen also darauf an, die Bewegungen so auszuführen, dass die Ideallage immer wieder erreicht wird.

Dabei widmen wir uns in erster Linie den Armbewegungen. Die hier beschriebenen Bewegungsabläufe kann man auch im Wohnzimmer vor dem Fernseher üben. Man kann das auswendig lernen und beim langsamen Training vor sich herbeten. Das hilft eingeübte Fehler zu vermeiden. Nach einiger Zeit verinnerlicht man das:

- Gestreckten Arm weit vor dem Kopf ins Wasser eintauchen und um etwa 30 Grad gerade nach unten durchs Wasser ziehen

- Ellenbogen leicht beugen und den Arm s-förmig unter dem Körper durchführen

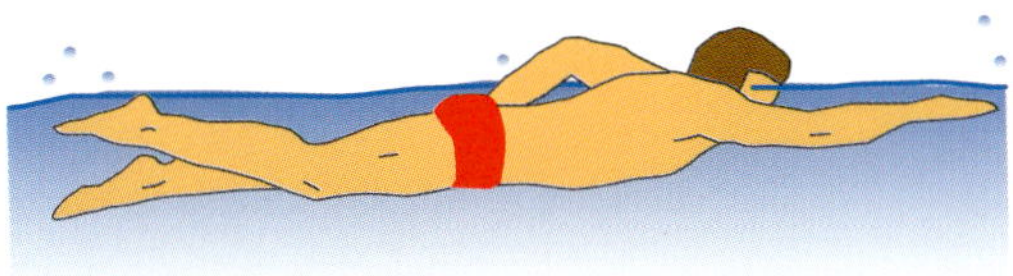

**Einleitende Phase**

... Handbewegung aus/ab- und rückwärts. (Anstellen der Hand) = Wasserfassen

... Ellbogenbeugung

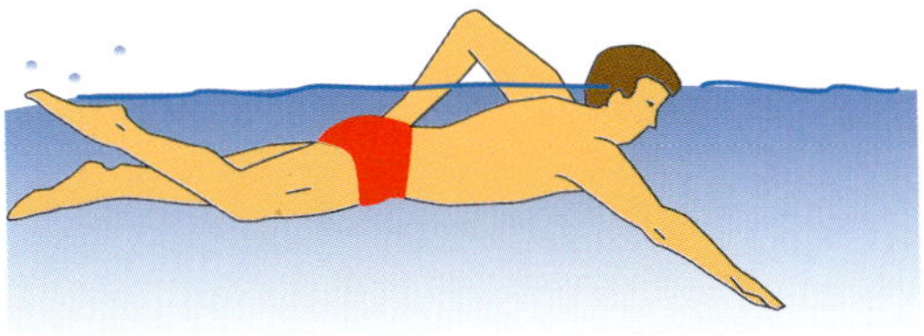

**Hauptphase**

... Ausprägung der Ellbogen-Vorn-Haltung

... Handbewegung hinten/innen

... max Ellbogenbeugung bei 90–110° (Handposition in Brustbeinhöhe)

... Streckung nach hinten/außen

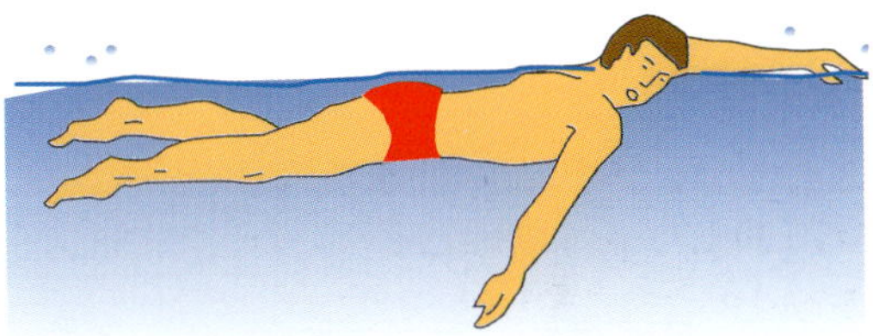

**Überleitungsphase**

... Einleitung der Herausnahme von Ober/Unterarm/Hand bei gestrecktem Arm

... Anheben des Schultergürtels (ca. 40° Drehung um die Körperlängsachse)

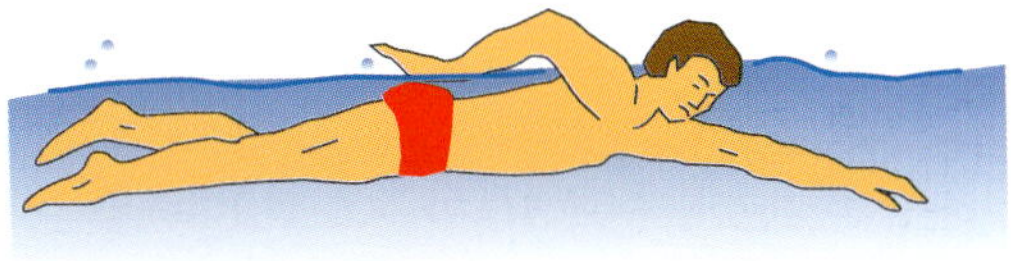

**Vorbereitende Phase**

... Herausheben des Armes (Oberarm/Unterarm/Hand)

... Entspanntes Vorschwingen mit hoher Ellbogenhaltung (100°–120°)

... Streckung im Ellbogengelenk mit Eintauchen der Hand vor der Schulter

- Im letzten Abschnitt der Druckphase den Arm wieder strecken, bis die Hand die Höhe der Hüfte erreicht.

- Über Wasser wird der Ellenbogen erneut angewinkelt und der Arm dabei hoch über der Wasseroberfläche nach vorne geführt.

Wir sind uns darüber im Klaren, dass man die komplexen Bewegungsabläufe des Kraulens nur ungenügend in Worten beschreiben kann. Zu schnell trainiert man sich Fehler an, die man nicht mehr los wird und die Kraft und Zeit kosten.

Deshalb empfehlen wir dringend ein paar Stunden bei einem versierten Schwimmtrainer in einem Schwimmverein. Der erkennt die Mängel sofort und weiß, wie man sie abstellt. Viele Trainer arbeiten auch mit Videoanalyse – sehr zu empfehlen. Anders als beim Fahrradfahren und beim Laufen kann man sich die optimale Technik beim Schwimmen nicht gut selbst beibringen.

## Schwimmtraining

- Kontinuierlich trainieren – nicht drei Wochen Pause machen.

- 1 x pro Woche schwimmen, bei besserem Trainingsstand auch 2-3 mal.

- Nach Möglichkeit mit Trainer und/oder Gruppe trainieren.

- Wer vor dem Schwimmen läuft, schwimmt nicht so schnell.

- Schwimmtraining am Morgen scheint, nach subjektiven Erfahrungen, besonders effektiv zu sein.

- Nach dem Schwimmen unbedingt essen, die Kohlenhydratspeicher sind leer.

- Viel mit Schwimmhilfen trainieren. Sie machen das oft monotone Schwimmtraining abwechslungsreicher.

### Kleiner Trainingsplan

1000 Meter schwimmen, davon:

- 200 m Einschwimmen
- 8 x 25 m Techniktraining
- 4 x 100m mit Paddles und gelegentlich Pullbouy Kraft trainieren (auch mal einarmig schwimmen)
- 200 m Ausschwimmen ohne Hilfsmittel

- Die Wettkampf-Distanz sollte man mindestens einmal ohne Trainingsmittel und ohne Pause durchschwimmen. Ansonsten im Training keine zu großen Teilstrecken wählen. Ab und zu mal ausruhen, auch wegen der Konzentration.

- Wenn Jahreszeit und Wetter es zulassen, häufiger im See trainieren und dabei auch die Orientierung üben. Das natürliche Gewässer hat andere Eigenschaften. Vor allem kann man unter Wasser kaum etwas sehen. Nie alleine trainieren und immer eine auffällige Badekappe tragen.

- Üben, gerade Linien zu schwimmen.

- Auch mal in einer größeren Gruppe schwimmen. Viele sind beim Wettkampf überrascht, was für ein Durcheinander, Gehaue und Getrete im Wasser herrscht. Das ist Stress total.

- Auch mal mit Neoprenanzug trainieren. Man wird überrascht sein, wie stark Auftrieb und Kraftersparnis wirken.

- Außerdem findet man so Scheuerstellen im Anzug, die man mit Vaseline entschärft. Überhaupt ist Vaseline ein guter Kälteschutz für die Haut. Zum Auftragen aber eine kleine Plastiktüte über die Hand stülpen, damit man keine schmierigen Hände hat, die später auf dem Rad sehr störend sein können.

*Lothar beim Ironman auf Hawaii 2001.*

## Radfahren

*»Im Wettkampf finde ich das Windschattenfahren unangebracht.«*

Ganz ehrlich: Uns beiden macht das Radtraining am meisten Spaß. Man kommt in der Gegend herum, kann durch schöne Landschaften fahren und hat auf schnellen Stücken, steilen Abfahrten oder in Kurven jede Menge Action. An Steigungen und bei Zwischensprints trainiert man für die beiden anderen Sportarten wichtige Muskelgruppen gleich mit.

Beim Radtraining geht es in erster Linie darum, die Besonderheiten des Rennradfahrens zu trainieren und optimal zu beherrschen: die flache Sitzposition und den runden Tritt.

Je nach Distanz und Regelement ist die Raddistanz ein Einzelzeitfahren mit Windschattenfahrverbot oder ein Rennen im Pulk mit Windschattenerlaubnis.

Der Unterschied ist enorm. Fahren im Windschatten eines oder gar mehrerer Vordermänner oder -frauen kann bis zu 40 Prozent Kraft sparen. Das ist der Vorteil. Der Nachteil: Das Fahren in der Gruppe erfordert ausgesprochene Konzentration und eine perfekte Beherrschung des Rades, sonst kommt es schnell zu den unschönen Massenstürzen, die wir auch aus dem Radsport kennen.

Das Fahren in der Gruppe sollte deshalb so oft wie möglich geübt werden. Dafür eignen sich besonders die Trainingslager im Süden und die RTF- und Radmarathonveranstaltungen überall in Deutschland an den Wochenenden während der Saison (Links zu Terminen im Serviceteil dieses Buches). Gleichzeitig darf man das Alleinfahren nicht aus dem Blick verlieren, sonst gewöhnt man sich zu sehr an die komfortable Situation des Windschattens und sieht bei einem Rennen mit Windschattenverbot alt aus.

*Meine ganz persönliche Meinung zum Windschattenfahren: Im Training in der Gruppe fahren wir natürlich alle gerne im Windschatten. Jeder ist mal vorne, da wird immer locker gewechselt, und so hat man wechselnde Trainingsbelastungen und es macht Spaß. Im Windschatten können auch die Frauen mit den Männern zusammen trainieren, ohne dass einer sich über- oder unterfordert.*

*Im Wettkampf finde ich das Windschattenfahren unangebracht. Triathlon ist eine Einzelsportart, kein Mannschaftssport. Es gewinnt, wer am schnellsten schwimmt, radelt, läuft. Wenn sich aber nun ein schwacher Radfahrer an einen starken dranhängt, dann bekommt er einen Vorteil, den der starke Radfahrer beim Schwimmen oder Laufen nicht vorfinden wird. Dort sind die »Mitnahmeeffekte« nämlich eher zu vernachlässigen. Deshalb bin ich eigentlich gegen das Windschattenfahren, wie es bei Weltcups und Olympischen Spielen gepflegt wird.*

*Gottlob ist auf unserer Distanz, dem Ironman, das Windschattenfahren grundsätzlich verboten, und so ist dort die Triathlonwelt für mich noch in Ordnung.*

*Aber natürlich rate ich jedem, der Kurztriathlons bestreitet: Häng` dich ran an den Stärksten. Wenn es erlaubt ist, dann muss man es auch nutzen.*

Noch ein paar Tipps zur Sicherheit beim Radtraining:

- Nie mit Walkman fahren.
- Immer nach hinten horchen.
- Überholende LKW reißen dich mit.
- Entgegenkommende Linksabbieger unterschätzen deine Geschwindigkeit und stellen beim plötzlichen Abbiegen eine große Gefahr dar.
- Immer defensiv fahren. Du bist der Schwächere.

## Fahrtechnik

Es mag banal klingen, aber vor allem Training und allen Tricks steht die optimale Beherrschung des Rades.

Dazu gehört die optimale **Sitzposition**. Auf der einen Seite will man vorne weit heruntergebeugt sitzen, um dem Wind eine möglichst geringe Angriffsfläche zu bieten. Zum anderen ist aber auch gerade während des Trainings und bei Rennen mit Windschattenerlaubnis eine Haltung, die die Übersicht über Straße und Verkehr erlaubt, sinnvoll und sicher.

Gerade Frauen, die häufig kleinere Rahmen verwenden, sollten darauf achten, dass das Oberrohr im Verhältnis nicht zu lang ist. Sonst verkrampft man sich. Über einen kürzeren Vorbau kann man das korrigieren.

Schließlich muss die Sitzposition so gewählt sein, dass optimales Treten, der berühmte »runde Tritt«, gewährleistet ist. Dazu kann man folgende Rechnung, basierend auf der Schrittlänge, zu Grunde legen:

Die Schrittlänge ist der Abstand vom Boden zum Schritt bei leicht auseinander stehenden Beinen.
Rahmengröße = Schrittlänge x 0,48
Die Sattelhöhe ermittelt man, indem man den Fuß (ohne Schuh) mit der Ferse auf die Pedale stellt. Bei unterer Pedalstellung und gerader Sitzhaltung muss das Bein gestreckt sein.
Die Sattelhöhe ist natürlich variierbar und hat viel mit dem Fahrstil, den bevorzugten Strecken und dem eigenen Wohlbefinden zu tun.
Nun kann man den Sattel aber auch noch vor- und zurückschieben. Um hier die optimale Position zu finden, stellt man das Rad waagerecht hin und fällt ein Lot an der Sattelspitze. Der Abstand vom Lot zur Mitte der Tretlagerachse soll zwischen 2 (Sprinter) und 6 cm (Bergfahrer) liegen.
Die Vorbaulänge bestimmt man, indem man den Unterarm mit ausgestreckten Fingern zwischen Sattelspitze (Ellenbogen) und Lenker hält. Der Abstand sollte 2-5 cm betragen. Die Differenz zwischen Höhe der Satteloberkante und der Vorbauoberkante sollte 3 (gemütlich) bis 7 cm (sportlich), maximal 12 cm (Zeitfahren) betragen.
Natürlich sind diese Formeln nur Richtwerte, aber sie haben sich bewährt. Letztlich ist es auch immer eine Gefühlssache und man wird eine Zeit herumexperimentieren. Dabei ist es wichtig, immer nur einen Faktor zu verstellen, damit man nach einer Probefahrt sicher weiß, ob die Maßnahme genützt hat.

Richtiges **Aufsteigen** und **Absteigen** sind beim Triathlon von entscheidender Bedeutung. Wer schnell in die Pedale kommt und schnell wieder heraus, gewinnt Zeit.

Alte Hasen haben es raus, barfuß oder auf Socken durch die Wechselzone zu laufen, die Schuhe sind schon auf die Pedale geklickt, und dann am Start erst mal auf den Schuhen treten und nach den ersten Metern reinschlüpfen und die Klettverschlüsse schließen. Profis fahren oft bis zu zehn Kilometer mit den Füßen auf den Schuhen und mit bis zu 45 Stundenkilometern.

*Nicole beim Wechsel in Roth 2004.*

Wer das gut kann, der gewinnt Zeit, wer das nicht so gut kann, der stürzt, verliert Zeit und gewinnt spontan den Peinlichkeitspreis des Publikums. Also muss man das üben, üben, üben. Und die richtigen Schuhe muss man haben. Denn mit drei Klett-Schnallen oder gar mit Schnürschuhen klappt das auf keinen Fall. Wichtig fürs richtige Einsteigen ist, dass man schnell genug rollt. Man verliert beim Einsteigen in die Schuhe natürlich an Geschwindigkeit, und wenn es zufällig am Start leicht bergauf geht, dann hat man schon schlechte Karten. Also ordentlich Schwung holen vor dem Reinschlüpfen.

Allen Einsteigern raten wir, die Schuhe bereits in der Wechselzone anzuziehen und dann am Start »konventionell« aufzusteigen. Das ist keineswegs peinlich. Gut 90 Prozent der Freizeitsportler machen das so. Gerade nach einer Schwimmstrecke ist das Gleichgewicht noch nicht wieder so aufs Radfahren eingestellt, da sollte man sich nicht zu viel Akrobatik zumuten.

Sitzt man einmal im Sattel, die Füße in den Schuhen und fest auf den Pedalen, dann gilt es, den »runden Tritt« zu beherrschen.

Mit dem runden Tritt schafft man es den Krafteinsatz über die gesamte Umdrehung der Tretkurbeln konstant zu halten. Im Gegensatz dazu steht das »Hacken« beim ganz normalen Radeln. Da gibt man Kraft auf die Kurbel, wenn sie kurz hinter dem oberen Totpunkt steht und tritt dann nach unten. So drückt man dann das andere Pedal und damit das andere Bein nach oben. Es ist also immer ein Bein passiv und muss sogar noch als Ballast geschoben werden.

Anders beim runden Tritt: Da die Füße über die Klickmechanik fest mit den Pedalen verbunden sind, kann man nicht nur runterdrücken, sondern auch hochziehen und sogar nach vorne oder hinten schieben.

So hat man Schubphase, Druckphase, Gleitphase und Zugphase (siehe Grafik).

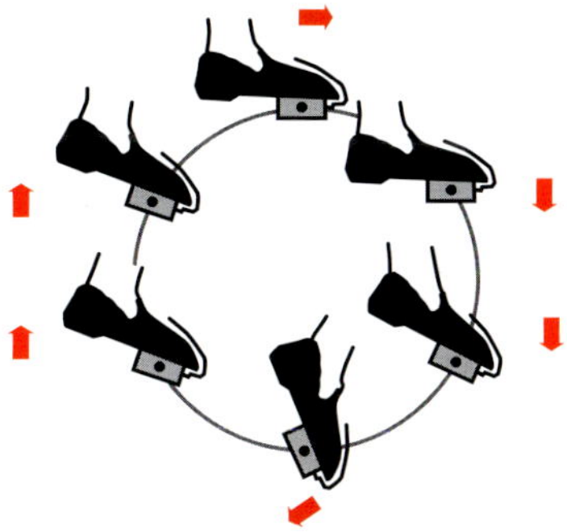

Es ist wichtig, diesen Bewegungsablauf immer und immer wieder zu trainieren. Man muss ein Gefühl für dieses gleichmäßige Kurbeln bekommen. Selbst Leute, die lange Jahre als Freizeitsportler auf dem Rennrad unterwegs sind, beherrschen den runden Tritt nicht immer. Oder sie kommen aus dem Rhythmus, wenn sie müde sind.

Man zwingt sich automatisch in den runden Tritt, wenn man einbeinig pedaliert. Das geht mit einem normalen Rad auf der Straße natürlich nicht so gut. Besser man macht das auf dem Ergometer oder dem Rollentrainer.

*Nicole auf der Radstrecke in aerodynamischer Position, Roth 2004.*

*Ich habe für mein Rad Trainingskurbeln, die man einzeln auskuppeln kann. Dann hängt das eine Bein locker auf der ruhenden Kurbel, während das andere die ganze Arbeit macht. Das ist natürlich auch ein exzellentes Krafttraining. Für Freizeitsportler sind solche teuren Spielereien natürlich etwas übertrieben.*

**Bremsen** ist mehr als Anhalten. Nicht nur im Wettkampf, sondern auch im Training ist es wichtig, richtig zu bremsen. Schließlich will man nicht zu viel Fahrt verlieren in der Kurve oder beim Auffahren auf den Vordermann. Man will aber auch nicht stürzen – und das passiert schnell, wenn man überbremst.

Grundsätzlich gilt: Du hast zwei Bremsen! Das klingt albern, aber wir sehen es bei Trainingsgruppen immer wieder, dass Leute eine Bremse gar nicht oder kaum benutzen.

Um sich den richtigen Umgang mit dem Bremsen klar zu machen, muss man sich zwei Tatsachen vor Augen halten. Erstens: Das Rad ist sehr leicht und die Bremsen sind sehr stark. Bei gut eingestellten Bremsen reicht oft schon leichter Fingerdruck, um deutliche Wirkung zu erzielen. Zweitens: Das Gewicht verlagert sich beim Bremsen nach vorne. Dabei wird – logisch – das Vorderrad stärker auf die Straße gedrückt, während das Hinterrad entlastet wird. Folglich hat das Vorderrad mehr Haftung und damit die bessere Bremswirkung. Das Verhältnis der Kräfte kann man mit 3 zu 1 beschreiben. In der Praxis: Das Vorderrad kann man dreimal so stark abbremsen wie das Hinterrad, bevor es blockiert. Und Blockieren bedeutet, wie beim Auto: schlechtere Bremswirkung und Kontrollverlust über das Fahrzeug.

Das richtige Bremsen muss man also üben. Zumal sich jede Bremse anders verhält; und auch der gleiche Bremsentyp an zwei verschiedenen Rädern macht einen völlig anderen Bremseindruck. Man sollte deshalb immer, wenn man das eigene Rad einige Zeit nicht angefasst hat oder auf ein Leihrad im Trainingslager steigt, die Bremsen an ungefährlicher Stelle intensiv studieren: langsam fahren, Vorderrad und Hinterrad einzeln bis zum Blockieren abbremsen, wieder loslassen. Auch das Bremsen in Kurven üben. Da ist richtiges Dosieren besonders wichtig, da ein blockierendes Vorderrad bei Schräglage schnell zum Sturz führen kann. Stichwort Schräglage: Es gibt zu viele, die in schärferen Kurven nicht auf ihre Pedalstellung achten. Besonders bei schnellen Abfahrten sind manche offenbar vom Rausch der Geschwindigkeit etwas benebelt und bedenken nicht die Folgen. Das kurveninnere Pedal muss IMMER oben stehen. Sonst kann es aufsetzen und Mann bzw. Frau und Maschine mit Wucht aus dem Rennen hebeln. Wäre doch schade.

*Wendepunkt auf der Radstrecke beim Triathlon in Buschhütten 2002.*

Gegenverkehr beachten, keine Kurven schneiden, vorausschauend fahren. Jedes kleinste Steinchen kann bei der Abfahrt einen Sturz verursachen.

*»Beim Bergfahren empfehle ich, erst ein Stück hinter der Kuppe zu schalten.«*

Auch **Schalten** will geübt sein und es geht auch hier nicht nur um ein paar hundertstel Sekunden im Wettkampf, sondern es geht auch im Training darum, einmal aufgebaute Energie nicht durch nachlässiges oder falsches Schalten zu vernichten. Wichtig ist: rechtzeitig schalten und zügig schalten. Das zügige Schalten haben uns die Ingenieure in Italien und Japan inzwischen an die Hand, besser an den Finger gegeben. Bei einer gut eingestellten Schaltung reicht sanfter Fingerdruck und die Übersetzung wechselt. Dabei ist es hilfreich, das Pedal kurz zu entlasten. Dann surrt die Kette noch schneller und leichter aufs nächste Blatt oder den nächsten Zahnkranz.

Das mit dem richtigen Schalten haben die Shimanos und Campagnolos uns noch nicht abgenommen, dafür braucht man Köpfchen und Routine. Das Automatikgetriebe gibt es fürs City-Bike, aber am Rennrad wollen wir es nicht wirklich haben. Wer richtig schaltet verschafft sich ja auch Vorteile. Regel Nummer Eins: Rechtzeitig schalten. Nicht erst in die Steigung hineinfahren in dem Irrglauben, es würde etwas bringen, noch eine Zeit in der höheren Übersetzung zu bleiben. Vorher Schalten. Und zwar dann, wenn die Trittfrequenz durch die höhere Belastung durch Steigung oder Gegenwind so weit abgefallen ist, dass man bei gleichem Tritt im niedrigeren Gang ein relativ leichtes Spiel hat. Das bedeutet: Besonders bei der Langstrecke und im Training geht es nicht darum, die Geschwindigkeit beizubehalten, sondern die Trittfrequenz. Die kann über eine leicht kupierte Strecke immer annähernd gleich bleiben, wenn man das Spiel mit den Gängen beherrscht. Und so vermeidet man jede Beschleunigung und Belastungssteigerung, was besonders für die Langstrecke die ökonomischste Fahrweise ist.

Bei kleineren Belastungsänderungen sind die feinen Abstufungen der 9er- oder 10er-

*Verpflegungsstation auf der Radstrecke in Roth.*

Zahnkranzkassetten richtig. Bei plötzlichen starken Steigungen oder Gefällen wirft man die Kette vorne um. Virtuosen des Schaltwerks beherrschen es auch, gleichzeitig vorne runter und hinten rauf zu schalten, um das Übersetzungsloch nicht zu groß werden zu lassen.

*Beim Bergfahren empfehle ich, erst ein Stück hinter der Kuppe zu schalten und vorher mit erhöhter Trittfrequenz das beim Aufstieg entstandene Laktat förmlich aus der Muskulatur zu schwemmen.*

*Wenn beim Schalten und Walten mal die Kette abspringt – das kommt bei den besten Gruppen vor –, dann nicht anhalten und die Finger schmutzig machen. Einfach eine halbe Umdrehung rückwärts treten und dann vorwärts und die Kette läuft wieder wie geschmiert. Meistens jedenfalls.*

Wir vermeiden es, an unseren Schaltungen herumzufummeln. Das Werk aus Rädern und Federn ist inzwischen so kompliziert, dass man sich das ganz schön durcheinander bringen kann. Wir sind Sportler und nehmen nicht für uns in Anspruch, Fahrradmechaniker zu sein. Dein Radhändler stellt dir die Schaltung in ein paar Minuten – oft kostenlos – ein, weil er jedes Schräubchen und seine Funktion blind kennt. Ein Rad, das alle 2000 Kilometer beim Fachmann in die Inspektion kommt und zwischendurch mal zum Einstellen von Schaltung und Bremsen, wenn man es für nötig hält, wird immer optimal rollen, schalten und bremsen.

Die Kräfte, gegen die man bereits auf flacher Strecke und bei Windstille anradelt, sind enorm: Das eigene Gewicht, das des Rades, der eigene Luftwiderstand, der Rollwiderstand der Reifen, Reibung der mechanischen Teile. Alles kostet

Kraft. Einiges davon kann man beeinflussen: Abnehmen, leichteres (und deshalb teureres) Rad kaufen; Reifen ohne Profil fahren. Aber ganz entkommt man den bremsenden Naturgesetzen nicht.

*»Bei großen Steigungen gilt: Sitzen bleiben und runterschalten, das spart Kraft.«*

Wer im Ultra-Triathlon 180 Kilometer auf dem Rad sitzt, der will genauer wissen, wo er denn nun noch Belastungen sparen kann. Da ist es interessant zu wissen, dass der Luftwiderstand des eigenen Körpers bis zu 80 Prozent der zu überwindenden Kräfte ausmacht. Dagegen nimmt sich der Luftwiderstand des Rades mit drei bis vier Prozent lächerlich aus. Darum achten wir schon im Training darauf, nicht zu viel Muskelmasse aufzubauen. Beim Radfahren nützt es, flach und schmal dem Luftwiderstand entgegenzutreten. Deshalb die niedrige **Sitzposition** und der Triathlon-Lenker, der die Arme nach vorne zwingt. Aber diese Haltung hat auch ihre Grenzen. Sie kann zu Verspannungen führen, zu Schmerzen, nicht jeder hält das über eine lange Distanz aus.

Beim Ironman auf Hawaii liegt man fast die ganze Zeit auf dem Lenker. Die Strecke ist recht hügelig und es geht an manchen Stellen ein guter Wind. Also Arme zusammen und Schultern runter. Zur Entlastung: das Gewicht ein paar gerade Kilometer lang mehr auf den Tri-Lenker verlagern, dann wieder ein paar Kilometer lang auf den Sattel. Immer hin und her.

*Bei kürzeren Triathlons, besonders in Deutschland, hat man manchmal ganz ordentliche Steigungen zu bewältigen. Da steige ich auch oft aus dem Sattel. Auch wenn eigentlich gilt: Sitzen bleiben, runterschalten, das spart Kraft. Aber manche Steigungen, vor allem die kurzen, knackigen, wollen eben überstanden werden. Wenn man das einigermaßen souverän macht, demoralisiert es auch den Gegner.*

**Bergabfahren** ist der verdiente Lohn für die harte Arbeit an der Steigung. Mit 60 km/h und mehr ohne große Anstrengung voranzukommen

*Um möglichst viel Geschwindigkeit aufnehmen zu können, kann man sich auf dem Rad ganz klein machen.*

macht wirklich Spaß. Aber Vorsicht: Geschwindigkeit birgt Risiken. Auf keinen Fall am Vordermann orientieren. Fahr deinen eigenen Stil, besonders in den Kurven. Verlass dich auf dein Gefühl, auch wenn der andere schneller ist.

Beim **Kurvenfahren** geht es natürlich darum, die berühmte Ideallinie zu halten. Also die Kurve ganz außen anzufahren und langsam zum Kurveninneren zu ziehen, um dann im Scheitelpunkt der Kurve weit innen zu sein und schließlich zum Kurvenausgang wieder an den Fahrbahnrand zu kommen. Doch Achtung: Nicht um jeden Preis zu weit außen anfahren und zu weit ins Kurveninnere zu lenken. Man braucht immer Ausweichreserven, wenn der Kurvenverlauf doch anders ist als eingeschätzt oder die Geschwindigkeit zu hoch wird. Wenn man bremst, richtet sich das Rad zwangsläufig auf, und dann ist es vorbei mit der Ideallinie und man muss sehen, dass man nicht von der Fahrbahn abkommt.

## Das Radfahren und der Luftwiderstand

Man muss nur mal mit hoher Geschwindigkeit im Windschatten einer Gruppe fahren und dann ausscheren, um festzustellen, wie erheblich die Bedeutung des Luftwiderstandes beim Radfahren ist. Besonders bei hohen Geschwindigkeiten können bereits kleine, fast lächerlich anmutende Maßnahmen zu einer nennenswerten Reduzierung des Luftwiderstandes führen und damit Kraft sparen helfen.

Neben der flachen Sitzposition sind es Veränderungen am Rad oder an der Kleidung, die diese Effekte erbringen. Die folgende Tabelle zeigt grobe Werte, die bei einer Geschwindigkeit von 37 km/h auftreten.

| Maßnahme | Verringerung des Widerstands in % |
|---|---|
| Entfernen der normalen Flasche mit Halter | 2,8 |
| Klebeband über Schuhbänder | 0,8 |
| Pumpe unter Oberrohr statt hinter Sattelrohr | 0,8 |
| Rasieren der Beinbehaarung | 0,6 |
| Entfernen des kleinen Kettenblattes | 0,3 |
| Aero-Flasche | 1,6 |
| Glatte Nylon-Socken | 0,4 |
| Schuhüberzüge aus Lycra-Faser | 1,4 |
| Aero-Helm | 5,2 |
| Aero-Vorderrad mit Schlauchreifen | 4,8 |
| Einteiliger, hautenger Anzug, Arm und Bein kurz | 3,2 |
| Aero-Hinterrad | 2,0 |
| Aero-Bremsen und -Hebel | 2,0 |
| Handschuhe mit Lycra-Rücken | 0,2 |
| Scheibenrad vorne | 7,2 |
| Sicherheitspedale | 1,0 |
| Scheibenrad hinten | 3,6 |
| Aero-Vorbau | 0,2 |
| Aero-Kurbelsatz | 0,6 |
| Aero-Schaltung | 0,4 |

*Nicole und Lothar beim Radtraining auf Mallorca, San Salvador.*

## Radtraining

Dem Radtraining darf besonders im Sommer Priorität eingeräumt werden. Man trainiert sehr gut und sehr schonend alle Muskeln, die auch für die anderen Sportarten wichtig sind. Radfahren macht auch meistens mehr Spaß als Schwimmen, weil es nicht in der Einsamkeit einer Schwimmhalle stattfindet.

Radtraining kann man bestens in der Gruppe machen und bei den zahlreichen Radtouristikfahrten der Radsportvereine, die überall in Deutschland jedes Wochenende stattfinden (Termine unter www.bdr.de).

Wichtiger Tipp, vor allem zu Beginn des Radtrainings: Vergiss den Tacho. Was zählt ist die Trainingsdauer und die Trainingsintensität. Trittfrequenz und Herzfrequenz sind die Werte, um die es geht. Die Geschwindigkeit kommt dann von ganz allein.

- Über viele Wochen ein lockeres Grundlagentraining. Das bringt auch viel fürs Laufen.
- Im Frühjahr ein bis zwei Wochen Training auf Mallorca, Sizilien oder den Kanaren in einer nicht zu starken Gruppe ist der beste Saisonstart. Veranstalter gibt es viele (siehe Adressen im Anhang).

- Immer kleine Gänge fahren – auch um die Knie zu schonen.

- Für Spaß und Belastung: kleine Zwischensprints, Fahrtspiel, Ortschildsprints (also eine in der Ferne sichtbare Marke ansprinten und dann wieder locker fahren).

- Am Berg sitzen bleiben. Weit runterschalten, Puls muss niedrig bleiben. Das trainiert die Kraftausdauer.

- So kann man auch auf der Rolle trainieren. 10 x 1 Minute harte Gänge treten, dazwischen immer wieder locker.

- Kraftausdauertraining: Wenn man warm ist, auch mal in dicken Gängen den Berg hinauffahren. Trittfrequenz 50 bis 70 U/min. Nicht über 80–90 Prozent d. max. Herzfrequenz.

- Das Kraftausdauertraining nicht übertreiben. Es ist für Freizeitsportler nicht existenziell.

- Wer nicht so viel Zeit für kurze Radtrainings unter der Woche hat, der kann auch am Wochenende ein paar Kilometer mehr zurücklegen. Wichtig ist nur, dass man sich nicht auspowert. Das bringt nichts. Es muss immer leicht gehen.

- Die Distanzen pro Trainingseinheit nur langsam steigern.

## Kleines Trainingsprogramm

**Grundlagenblock am Wochenende**

1. FR 2 Std.
SA 3 Std.
SO 4 Std. immer in GA1

2. **Unter der Woche schnelle kurze Einheiten ohne Warmfahren:**
1:30 Std. in GA2

3. **Tempotraining**
15 km Einfahren
5 x 1 km GA1 bis GA2
danach jeweils 5 Minuten locker fahren
Ausfahren

4. **Kraftausdauer**
Hausberg mit dicken Gängen 1:30 Std.
(inklusive Warmfahren)

*Nicole auf der Radstrecke beim Ironman in Roth.*

## Laufen

Schnell zu laufen, heißt es, sei im Wettkampf nicht so wichtig, wie schnell Rad zu fahren. Das mag stimmen. Die Zeit, die man auf dem Rad verliert, holt man beim Laufen nicht mehr herein. Knapp 1/3 Anteil hat die Laufleistung an Sieg oder Niederlage, heißt es.

Aber: Wer seine Laufleistung vernachlässigt, der kommt gar nicht erst an. Und wenn es den meisten Freizeittriathleten ums Finishen geht, dann geht es beim Laufen natürlich ums Durchhalten. Und da ist es egal, auf welcher Distanz man unterwegs ist. Erst auf der Laufstrecke kommen die gemeinen, kleinen Gedanken, die »Aufgeben« sagen.

Und deshalb kommt es in erster Linie darauf an, richtig und ökonomisch zu laufen. Das Laufen ist überdies als Training sehr wichtig, da man es praktisch immer und überall machen kann. Anders als Schwimmen und Radfahren, kann man bei jedem Wetter, in jeder Umgebung und zu jeder Tageszeit laufen. Darum ist es vor allem für Leute, die beruflich viel unterwegs sind, die ideale Möglichkeit, um auch unter der Woche zum Beispiel am frühen Morgen eine Stunde zu trainieren.

Dauer und Distanz des Lauftrainings hängen stark vom Trainingsstand ab und davon, welche Wettbewerbsdistanz man sich vorgenommen hat. Es beginnt mit zweimal einer dreiviertel Stunde pro Woche, in der man jeweils gut 5 Kilometer läuft. Wer kurz vor einem Ironman steht, der wird allerdings auf 50 bis 80 Kilometer Lauftraining pro Woche kommen.

## Lauftechnik

In den letzten Jahren ist in der Fachwelt und in den Fitnessmagazinen eine Art Glaubenskrieg ums Laufen entstanden. Da wird mit großer Leidenschaft für oder gegen das Vorderfußlaufen bzw. das Fersenlaufen gekämpft. Viel Debatte und wenig Wirkung, wie wir meinen.

*Cala Millor, Mallorca.*

Wer bereits länger läuft, wird sich seinen Laufstil angewöhnt haben, mit dem er wahrscheinlich gut zurechtkommt. Und mit vollem Recht wird angeführt, dass viele der besten Läufer der Welt, zum Beispiel die afrikanischen Langstreckenstars, sich nie mit solchen Fragen auseinander gesetzt haben.

Das **Vorderfußlaufen** ist eher eine Mode und entspricht nicht den anatomischen Gegebenheiten. Für Sprinter und auch beim Bergauflaufen mag es Sinn machen, fast ausschließlich mit dem Vorderfuß zu laufen. Auf der Langstrecke ist es aber besser, den ganzen Fuß zu belasten, weil man so besser gedämpft läuft und der Fuß nicht so schnell ermüdet.

Wichtiger bei der Bewertung des Laufstils sind Schrittlänge und Schrittfrequenz und die Körperhaltung insgesamt.

Laufen ist, wenn beide Füße zwischenzeitlich in der Luft sind, im Gegensatz zum Gehen und Walken, wo ein Fuß immer Bodenkontakt hat. Die **Laufgeschwindigkeit** kann gesteigert werden, indem man die **Schrittlänge** erhöht oder indem man die **Schrittfrequenz** erhöht.

Wenn man das im Training mal deutlich übertreibt, also mal versucht, die Geschwindigkeit mit sehr viel größeren Schritten zu steigern und dann im Vergleich mit sehr hoher Schrittfrequenz, dann wird man schnell feststellen, dass die Technik der großen Schritte mehr Kraft kostet. Eigentlich kennt man das ja auch vom Radfahren.

Umso verwunderlicher ist es, dass wir beim Laufen zur Temposteigerung intuitiv die Methode der großen Schritte wählen. Es geht also beim Techniktraining darum, dieses Verhalten durch Konzentration zu beeinflussen. Man darf dabei ruhig mal die Schritte zählen. Ein stärkerer Armeinsatz unterstützt die Erhöhung der Schrittfrequenz.

**Die richtige Körperhaltung**

- Kopf hoch, Augen geradeaus
- Oberkörper aufrecht, höchstens leicht geneigt
- Schultern locker
- Arme im rechten Winkel und parallel zum Körper
- Arme schwingen locker mit
- Hände locker, nicht zur Faust ballen, Daumen nach oben

Es empfiehlt sich auch, auf die Geräusche beim Laufen zu achten. Wenn die Füße nicht jedes Mal lautstark auf den Boden knallen, dann läuft man ökonomisch und gelenkschonend.

Am Berg ist es wichtig, das Tempo zu verringern, wie beim Radfahren. Kurze Schritte (beim Rad: kleine Gänge) und eher auf die Herzfrequenz achten als auf die Geschwindigkeit.

## Lauftraining

- Als Laufanfänger immer mit Pulsuhr trainieren. Im Laufe der Zeit bekommt man aber ein Gefühl für die richtige Trainingsgeschwindigkeit.
- An Lauftreffs teilnehmen und sich gleich starken Gruppen anschließen. So behält man sein Tempo im Griff und es macht mehr Spaß. Das darf aber nicht zum Wettkampf werden.
- Wenn man sich beim Laufen nicht mehr unterhalten kann, dann ist man zu schnell.
- Gegen Ende des Trainings kleine Steigerungsläufe. Dabei auch die Knie mal extrem hoch nehmen.
- Nicht immer dieselben Schuhe. Wer drei- bis viermal pro Woche läuft, benötigt mindestens zwei paar Laufschuhe. Nach 1000 bis 1500 Kilometern oder einem Jahr sind Laufschuhe ein Fall für die Mülltonne.
- Nicht ohne Socken laufen.

**Der lange Lauf** ist für uns Triathleten genauso wichtig wie für die Marathonläufer, aus deren Trainingstradition der Begriff kommt. Man kann darüber streiten, wie lang »lang« ist. Irgendwo im Bereich zwischen zwei und drei Stunden sollte man das ansetzen.

Der lange Lauf hat den Zweck, den Körper auf die extreme Ausdauerbelastung des Wettkampfs vorzubereiten. Das Herz-Kreislaufsystem wird ebenso an die Distanz gewöhnt wie der gesamte Bewegungsapparat. Deshalb reicht es auch nicht, eine Woche vor dem Wettkampf einen langen Lauf zu absolvieren. Man sollte schon alle sechs bis acht Wochen eine solche Extremeinheit einplanen.

*Lothar beim abschließenden Marathon des Ironman Hawaii 2002.*

*»Die Wettkampfgeschwindigkeit ist übrigens kein Zufall.«*

Es geht auch um Psychologie. Der lange Lauf gibt einem das gute Gefühl, die Distanz packen zu können.

Dabei sind die langen Läufe im lockeren Tempo zu absolvieren und je näher es auf den Wettkampf zugeht, desto näher sollte man der Wettkampfgeschwindigkeit kommen.

*Die Wettkampfgeschwindigkeit ist übrigens kein Zufall. Man muss wissen, wie schnell man sein will, damit man sich im Training entsprechend vorbereiten kann und im Wettkampf seine Kräfte und sein Tempo richtig einteilt. Einfach hinter der Wechselzone beherzt losrennen und allmählich langsamer werden, weil die Kräfte nachlassen, führt nicht zum Ziel. Kontinuität ist das Zaubermittel.*

*Man kann aus der angepeilten Laufzeit (z.B. Vorjahreszeit minus ein paar Minuten, weil man ja besser werden will) die Zeit pro Kilometer errechnen und diese mit Uhr und Wegmarken im Auge behalten. Es ist gut anfangs unter dieser Zeit zu bleiben, damit man sich zum Ende noch steigern kann. Das ist auch wichtig für die Psyche, dieses Gefühl, noch Körner für die letzten Kilometer zu haben.*

Der lange Lauf ist keine Notwendigkeit für Sportler, die die Volksdistanz zum Ziel haben. Doch schon die olympische Distanz macht den Dauerlauf sinnvoll. Hier reichen maximal 1:15 Stunden. Für lange Läufe über einer Stunde sollte man Gel dabei haben und nach einer Stunde alle zehn Minuten ein Gel schlucken.

Vor dem langen Lauf: einen Tag Ruhe einlegen. Nach dem langen Lauf ist man in der Regel völlig kaputt. Wer dann noch Auslaufen und Stretchen kann, der sollte es tun. Alle anderen lassen es eben bleiben. Eine längere Regenerationsphase von drei bis vier Tagen, in denen nur sehr leicht trainiert wird, schließt sich an: etwas Schwimmen, mehr Stretching und Koordinationstraining.

## Drei einfache Ein-Stunden-Trainingsprogramme

**1**

20 Min. einlaufen
5 x 2 Min. GA2
dazwischen 2 Min. aktive Pause
(locker weiterlaufen oder gehen)
20 Min. auslaufen

**2**

oder
innerhalb einer Stunde
10 x 1 Min. GA2
dazwischen immer 1 Min. Pause

**3**

oder
20 Min. Einlaufen
kleiner Anstieg von 300 m
Länge 6-8-mal hoch und runter
auslaufen

# ERNÄHRUNG UND REGENERATION

## Ernährung

*»Wir sind keine Asketen.«*

Wer seinen Körper in Training und Wettkampf belastet, der muss viel essen und trinken und vor allem das Richtige.

Ernährung und Regeneration hängen zusammen – gebe ich meinem Körper nach einer Trainingbelastung die richtige Ernährung, kommt er schneller wieder zu sich.

Gesunde Ernährung ist derzeit ein großes Thema, die Medien sind voll mit Tipps für richtiges und gutes Essen. Auch Bio-Produkte sind hoch im Kurs.

Wir wollen uns hier auf die Ratschläge beschränken, die wir als Sportler für sinnvoll halten.

*Freizeitsportler sind oft überrascht, wenn wir ihnen erzählen, dass wir uns ganz normal ernähren. Man denkt, ein Profi hat einen ganz individuellen, kargen und mordsmäßig komplizierten Ernährungsplan. Radieschen an Erbse mit einem Tropfen Traubenkernöl. Wir nicht. Zwischen den Wettkämpfen, während der Trainingsphasen, essen wir, was uns schmeckt. Und das bedeutet: wenig Fett, wenig Zucker, viel Gemüse, Pasta, Kartoffeln, mageres Fleisch, frischen Fisch. Aber auch Kuchen. Wir sind keine Asketen.*

*Ein weiteres Gerücht: Triathleten essen zu wenig. Irrtum. Klar, die Siegerfotos in den Medien zeigen oft dünne Menschen – nach dem Wettkampf, bei dem bis zu 8000 Kalorien verbraucht wurden. Jan Ullrich verändert sich während einer Tour de France auch merklich.*

*Aber wer in unserem Sport zu wenig isst, in der Hoffnung den Gewichtsverlust in bessere Zeiten umtauschen zu können, der geht ein hohes Risiko ein. Mangelerscheinungen können bleibende Schäden verursachen. Körpergewicht ist auch Energie. Fett ist dafür da, verbrannt zu werden, es ist der Brennstoff bei Training und Wettbewerb.*

**Was dem Sportler nützlich ist:**

- Vollwertige Nahrung, schonend zubereitet. Möglichst abwechslungsreich (Motto: Pflanzen aller Farben, Pflanzen die unter, auf und über der Erde wachsen).

- Pflanzliche Öle sind besser als tierische Fette. Ungesättigte Fettsäuren, z.B. in Olivenöl.

- Ballastreiche Nahrungsmittel: Ballast sind die unverdaulichen Teile der Nahrung wie Getreideschalen beim Vollkorn, Faserbestandteile frischer Gemüse. Sie unterstützen die Verdauung und sorgen rechtzeitig für ein Sättigungsgefühl.

- Kohlenhydrate: Die Energiespender des Körpers. Wer viele aufnimmt und sich nicht bewegt, wird fett. Wer zu wenig aufnimmt und Ausdauersport betreibt, bekommt ein Problem. Besonders viele Kohlenhydrate, die der Körper auch gut verwerten kann, sind in Getreide, Kartoffeln, Reis und Nudeln.

- Eiweiß: Wichtig für alle möglichen Prozesse im Körper. Als Energielieferant eher eine Art Reservekanister, wenn sonst alles verbraucht ist. Tierisches Eiweiß ist für den Sportler noch besser als pflanzliches. Eiweißlieferanten sind Milch und Milchprodukte, Eier, Fisch, Fleisch, Hülsenfrüchte, Getreide, Kartoffeln und Reis.

- Vitamine: Sie liefern zwar keine Energie, sind aber für den Körper enorm wichtig. Die zusätzliche Zufuhr von Vitaminen ist nicht nur wirkungslos, sondern auch teuer. Im Falle der Vitamine A und D kann Überdosierung sogar gesundheitsschädlich sein.

- Trinken: Wir verlieren in Training oder Wettkampf bis zu vier Liter Wasser. Trinken, bevor der Durst kommt. Wasser ist nicht genug. Besser sind Iso-Drinks oder spezielle kohlenhydratreiche Sportgetränke.

**Was dem Sportler schadet:**

- Oxidierte Cholesterine, wie sie beim Braten und Grillen von Fleisch entstehen.

- Fett. Besonders die tierischen Fette werden auch beim Sport nicht ausreichend abgebaut.

- Raffinierter Zucker – enthält nur leere Kalorien, ohne Vitamine, Mineralstoffe und Spurenelemente; schädigt die Zähne, macht dick.

- Zusätzliches Salz. Wir nehmen mit unserer Ernährung sowieso zu viel Salz auf.

- Alkohol: Nichts gegen ein Bier oder ein, zwei Glas Wein ab und zu, aber mehr macht schlapp und behindert den Regenerationsprozess.

- Rauchen: absolut indiskutabel.

## Ernährung während des Trainings

Bei kurzem Training von 60 bis 90 Minuten reicht es, zwischendurch zu trinken. Wasser oder Saftschorle, isotonische Getränke, die die Mineralstoffe, die durch den Schweiß verloren gehen, ersetzen. Nach dem Training sollten die Kohlenhydratspeicher mit ungesüßten Fruchtsäften und kohlenhydratreicher Nahrung aufgefüllt werden.

Bei Trainingseinheiten über 90 Minuten sollte man bis drei Stunden zuvor etwas Kohlenhydratreiches essen. Nudeln sind immer gut, aber auch Kartoffeln, Vollkornbrot, Reis, Hülsenfrüchte.

Während des längeren Trainings sollte man unbedingt Kohlenhydrate nachladen. Dazu sind Energieriegel geeignet, die gleichzeitig auch Mineralien enthalten.

*»Echte Power-Lieferanten sind getrocknete Aprikosen, Feigen und Datteln.«*

*Bananen sind gut, aber echte Power-Lieferanten sind auch getrocknete Aprikosen, Feigen und Datteln. Sie liefern die dreifache Menge an Kohlenhydraten wie eine Banane: 60-70 Gramm pro 100 Gramm. Praktisch auch, dass sich die kleinen Dinger so leicht in der Trikottasche transportieren lassen.*

Noch wichtiger als das Essen ist bei einer langen Trainingseinheit natürlich das Trinken. Getrunken werden muss, bevor der Durst kommt. Deshalb muss man sich regelrecht zwingen, je nach Wetter und Belastung pro halbe Stunde 250 bis 400 Milliliter Flüssigkeit zu sich zu nehmen. Bei einem Mangel an Flüssigkeit verdickt sich das Blut, und so wird weniger Sauerstoff transportiert, die Herzfrequenz steigt, die Leistungsfähigkeit sinkt.

Auf dem Rad ist die Mitnahme von Getränken kein Problem, und unterwegs gibt es Tankstellen und Supermärkte, wo man nachladen kann (also immer Geld mitnehmen). Beim Laufen empfiehlt sich ein Trinkgurt oder ein Rundkurs, auf dem man ein Getränkedepot anlegt, das man in regelmäßigen Abständen passiert. Eine große Radflasche pro Stunde benötigt man auf jeden Fall.

## Ernährung vor dem Wettkampf

Es ist viel gesagt und geschrieben worden über die richtige Ernährung vor dem Wettkampf. Tatsache ist: Die für einen langen Wettkampf benötigten Kohlenhydrate kann man sich nicht mit dem Frühstück am Wettkampftag verabreichen. Auch bei der traditionellen Pasta-Party am Vorabend des Wettkampfes ist es für effektives Volltanken eigentlich zu spät.

Es empfiehlt sich also in der Woche vor dem großen Tag auf ausreichende Kohlenhydratzufuhr zu achten. Ganz Verbissene machen die berüchtigte Schwedendiät oder Saltin-Diät. Die geht so: Bei einer extrem harten Trainingseinheit geht man bis an die Grenzen, bis an den Hungerast, der mit Schwindelgefühl und Übelkeit daherkommt. Mit dieser brutalen Methode werden die Kohlenhydratspeicher vollständig geleert. An den folgenden Tagen trainiert man nicht mehr – bestenfalls Stretching und etwas Gymnastik. In diesen Tagen futtert man dann Kohlenhydrate und lässt das Eiweiß weg. Also Nudeln, Brot und Hülsenfrüchte. Kein Fleisch, kein Fisch.

*Die Schwedendiät ist ein Programm für nicht zu alte, top-trainierte und leidensfähige Sportler. Das ist kein Spaß, und es muss auch nicht sein. Ich mache es auf die sanftere Tour: fünf Tage vor dem Wettkampf noch mal herzhaft trainieren. Dann jeden Tag weniger Bewegung. Die letzten Tage vor dem Wettkampf nur noch sehr wenig Training. In diesen Tagen kohlenhydratreiche Ernährung, kein Fett, wenig Eiweiß. Also eine Schweden-Diät light, mit der ich prima zurechtkomme.*

In den Tagen vor dem Wettkampf normal trinken. Nicht zu viel, sonst spült man sich die ganzen Mineralstoffe wieder raus.

## Nahrungsergänzungsmittel

Wer sich gesund ernährt, hat eigentlich alle Mineralstoffe und Vitamine, die er braucht. Aber wer sich als Triathlet besonderen Belastungen aussetzt, wird auf Dauer ohne einige Nahrungsergänzungen nicht auskommen.

**Magnesium**: eigentlich das wichtigste Leistungsmineral, sorgt für wichtige Enzymbildung und verhindert Muskelkrämpfe und Verspannungen. Wichtig: Es sollte unbedingt Magnesiumzitrat als Wirkstoff vorliegen.

**Eiweiß**: Garant für bessere Muskelfunktion, Muskelaufbau und Gewichtskontrolle. Deutlich verbesserte Regeneration bei hohem Körpereiweißspiegel. Fördert mentale Stärke. Zusammensetzung sollte 60 Prozent tierisch und 40 Prozent pflanzlich sein.

**Vitamin C**: Die Königin der Vitamine. Wichtig für Fettverbrennung, Bindegewebe, Wundheilung, wirksamer Infektionsschutz fürs ganze Jahr.

**Eisen**: bei Mangelerscheinungen nach Krankheit, bei Frauen während der Menstruation.

**Zink, Selen**: Immunsystem wird gestärkt. Beim Zink aufpassen, wichtig ist hier die Verbindung Zinkpicolinat, die nicht überall zu haben ist.

**L-Carnitin**: In Verbindung mit Vitamin C eine Geheimwaffe vor dem Training. Mehr Ausdauerleistung und schnellere Regeneration.

**Wichtig aber auch**: Bis auf wenige Ausnahmen wie Vitamin C, Magnesium und Eiweiß sollte immer erst eine Bestandsaufnahme gemacht werden um festzustellen welche Elemente tatsächlich fehlen und in welcher Form und Verbindung eine Ergänzung dann sinnvoll ist.

**Empfehlung**: Um den Idealfall, sprich welche Vitalstoffe, in welcher Menge und Zusammensetzung und vor allem in welcher Reihenfolge und Kombination, feststellen zu können, unbedingt eine Haar-Mineralstoff-Analyse oder Blutanalyse machen. Günstiger und effektiver ist die Haaranalyse, weil sie tatsächliche zelluläre Bestände der einzelnen Elemente aufzeigt. Info unter www.ikarus-institut.de.

Weitere Infos zu Nahrungsergänzung unter www.cadion.net.

## Ernährung während des Wettkampfs

Das Frühstück vor einem Kurztriathlon oder einem Ironman hängt nicht nur von ernährungsphysiologischen Bedingungen ab, sondern auch von der eigenen Psyche. Wer unbedingt ein Nutellabrot braucht, um seine Aufregung zu bekämpfen, der soll es dann eben essen. Eier mit Speck sind weniger zu empfehlen.

Grundsätzlich sollte man leichte Dinge zu sich nehmen: kein Müsli (schwer verdaulich, Blähungen), keine Milchprodukte (schwer verdaulich, bleiben bis zu vier Stunden im Verdauungssystem), keinen Orangensaft (zu sauer).

*Ich habe vor großen Wettkämpfen ein Standardfrühstück: eine Banane, 4-5 Scheiben Toast mit Marmelade (ohne Butter), eine Tasse Kaffee mit etwas Zucker. Das lässt sich alles gut verdauen und ist auch an allen Ecken der Welt, wo wir Wettkämpfe haben, in gleicher Qualität zu bekommen.*

Vor dem Wettkampf sollte man dann unbedingt noch mal den Darm entleeren. Aber das bringt die Aufregung sowieso mit sich. Die langen Schlangen vor den Dixie-Klos bei großen Wettkämpfen sind legendär.

Beim Schwimmen hat man logischerweise keine Verpflegung dabei. Am Start gibt es oft noch etwas zu trinken. Auf dem Rad ist dann die Zeit der Nahrungs- und Getränkeaufnahme. Beim Volkstriathlon braucht man nur Getränke, bei der olympischen Distanz ist ein Riegel schon sinnvoll, bei Half-Ironman und Ironman muss man viele Riegel oder Gels dabei haben und diese mit einem Schluck Wasser herunterspülen.

Auf dem Rad geht das am besten, weil man das Zeug besser verstauen kann und auch besser essen und schlucken kann als beim Laufen. Deshalb haben sich beim Laufen auch die Gels bewährt, da man bei einem Puls von 180 nicht mehr richtig kauen kann.

Bei großen Wettkämpfen kann man sich die persönlichen Getränke von eigenen Helfern in den vorgesehenen Zonen anreichen lassen. Aber auch der Veranstalter ist mit Getränken, Riegeln und Obst an der Strecke. Je nach Veranstaltung und Distanz gibt es da unterschiedliche Regeln, was erlaubt ist und was nicht.

*»Es nutzt nichts, den Riegel mit Testnote ›Sehr gut‹ zu haben, wenn einem schlecht davon wird.«*

*Egal, was die vielen Tests in Sportmagazinen zu Gels und Riegeln vermelden: Entscheidend ist, was dir bekommt. Es nützt nichts, den Riegel mit Testnote »Sehr gut« zu haben, wenn einem schlecht davon wird. Deshalb im Training unbedingt ausprobieren, was dir schmeckt und was dir gut tut. Gels sind nicht Jedermanns Sache. Ich selbst verbrauche auf der Laufstrecke beim Ironman bis zu einem Dutzend davon. Andere haben Riegel oder Trockenfrüchte. Vorher erkundigen, was der Veranstalter an Verpflegung anbietet und das ausprobieren.*

*Es lohnt sich auch zu trainieren, wie man das Zeug zu sich nimmt. Es sind schon Leute beim Versuch die Riegelverpackung zu öffnen, mit dem Rad gestürzt. Peinlich. Besser: Riegel auspacken und in kleiner Tasche in Stückchen geschnitten auf dem Rahmen transportieren oder gleich ausgepackt aufs Oberrohr kleben.*

*Sieht nicht lecker aus, ist es auch nicht. Dafür aber handlich: Riegel auf dem Oberrohr.*

*Trinkflaschen passen zwei an den Rahmen und zwei weitere, wenn man will, hinter den Sattel. Auch das Trinken und vor allem das Flaschenwechseln während der Fahrt muss man im Training üben.*

*Man kann alles übertreiben. Ich habe schon gesehen, dass einer acht Flaschen dabei hatte: Zwei am Rahmen, zwei hinterm Sattel, zwei am Lenker und zwei in den Trikottaschen. Das sind gut 6 Kilo Gewicht. Unsinn.*

Auf der Laufstrecke sind genug Möglichkeiten, Getränke zu greifen. Dabei sollte man das Wasser nicht nur trinken, sondern zur Kühlung auch über den Kopf schütten.

*Es ist schwer, beim Laufen zu trinken. Wenn man den Becher zusammendrückt und wie aus einer Schnabeltasse trinkt, kommt nicht so viel Luft mit und man verschüttet auch nicht die Hälfte.*

Besonders beliebt und bewährt ist beim Fahren und Laufen Cola. Der Zucker geht sofort in die Blutbahn und gibt neue Kraft. Das Koffein erfüllt auch seinen Zweck, ist aber nicht so bedeutend. Wichtiger noch: Cola beruhigt den Magen.

## Regeneration

Genauso wichtig wie das richtige Training ist die richtige Regeneration. Wie im Kapitel über den Superkompensationseffekt bereits beschrieben, ist ein Trainingsreiz vom Körper nur dann nachhaltig verwertbar, wenn auf die Belastung die Entlastung, die Ruhe folgt.

Verkürzt ausgedrückt verbraucht der Körper in Training und Wettkampf Ressourcen aller Art: Energie, Hormone, psychische Leistungsfähigkeit. Aber auch Stress in Arbeit und Familie zehrt an den Ressourcen.

Der Mangel an diesen Ressourcen wird durch Ermüdung signalisiert. Und wer diesen Signalen nachgibt, der ist schon auf dem richtigen Weg der Regeneration. Aber die Sache hat einen Haken: Ausdauersport, besonders der Ultra-Triathlon, ist ja gerade die Kunst, Ermüdung und Erschöpfung in den Griff zu bekommen, auf den letzten Kilometern sogar zu bekämpfen, um ans Ziel zu kommen – Wettkampf. Dafür entwickelt man eine ungeheure mentale Kraft, die einem im Training dann durchaus im Weg sein kann. Vor allem dann, wenn man das Training als Probewettkampf begreift und regelmäßig die Signale der Erschöpfung und Ermüdung überwindet.

Die Dauer der Regenerationsphase ist grundsätzlich abhängig vom Trainingsstand und von der Trainingsbelastung. Gut Trainierte erholen sich schneller. Nach kürzeren Trainingseinheiten ist man schneller wieder fit als nach langen. So kann ein Trainierter je nach Belastung bereits nach 24 bis 48 Stunden weitertrainieren, während ein weniger Trainierter sich 48 bis 72 Stunden erholen sollte.

In der Systematik des in diesem Buch angebotenen Trainingsplaners ist die richtige Regeneration bereits eingebaut.

Der Mangel an Regeneration führt zu **Übertraining** und das ist weit schlimmer, als es dieses harmlose Wort vermuten lässt. Wer fortwährend die Regeneration vernachlässigt ist nicht einfach nur kaputt: Anhaltende Erschöpfungszustände, Infektionskrankheiten, Verletzungsanfälligkeit des gesamten Bewegungsapparates, Mangelerscheinungen aller Art und nicht zuletzt Depressionen können die Folge sein. Kein Spaß also.

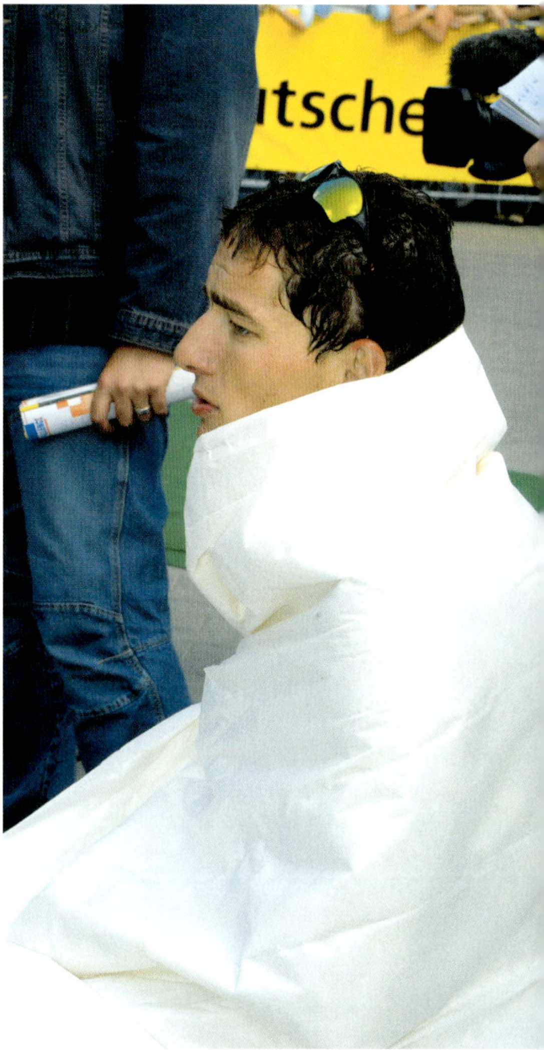

*Lothar nach dem Rennen, eingehüllt in eine Isolierdecke zum Schutz gegen Unterkühlung.*

Übertraining kann vom Sportmediziner auch am Blutbild festgestellt werden.

In erschöpftem Zustand ist Training verboten. Krankheiten, besonders Infektionskrankheiten wie Grippe, müssen immer vollständig auskuriert werden. Herzmuskelentzündungen drohen. Wichtige Symptome für Übertraining sind: Erschöpfung, Motivationsverlust, Nervosität und Gereiztheit, Appetitlosigkeit.
Bei der Regeneration unterscheiden wir zwischen zwei Möglichkeiten: der passiven Regeneration, also den Ruhetätigkeiten, zu denen wir nichts oder nur wenig beitragen. Und die aktive Regeneration, die aus gezielten Übungen für die ermüdeten Systeme besteht.

*2003 haben mich die Übertrainingssymptome kalt erwischt. Ich hatte einen Ironman in Japan hinter mir und wollte sechs Wochen später in Roth starten. Da konnte ich mir keine Ruhepause leisten und habe gleich weitertrainiert. Bis zum Zusammenbruch: keine Power mehr, keine Lust, keine Motivation. Da habe ich dann zwei Wochen fast nur geschlafen und überhaupt nicht trainiert. Aufgeräumter und erholter ging ich dann in Roth an den Start – und habe gewonnen.*

*»Da kann man nur empfehlen: Höre in deinen Körper hinein, verlass dich auf dein Gefühl.«*

*Die Regenerationszeit ist eine sehr individuelle Sache. Ich lasse mich oft von Lothar mitziehen, wenn er nach einem Ironman wieder ins Training einsteigt. Eigentlich brauche ich aber mehr Zeit zur Regeneration. Da kann man nur empfehlen: Höre in deinen Körper hinein, verlass dich auf dein Gefühl.*

## Die passive Regeneration

Nahe liegende Form der passiven Regeneration ist der **Schlaf** – und der schadet nie. Bedenklich wird es, wenn man direkt nach dem Training in einen tiefen, fast komaartigen Schlaf fällt. Ebenso bedenklich, wenn man Schlafstörungen hat. Dann ist man schon im Übertraining.

Nach dem Training geht man nicht sofort ins Bett. Besser ist es, erfrischende und wohltuende Formen der passiven Regeneration zu wählen.

**Massagen** sind, richtig ausgeführt, Balsam für Muskeln, Gelenke und Seele. Beim Training hat man aber selten einen Masseur zur Stelle. Und das gegenseitige Massieren hat seine Tücken. Das muss man nämlich können, sonst kann man besonders bei stark beanspruchten Muskeln viel Schaden anrichten. Nach einem Ironman verbietet sich Massage sowieso. Die Muskeln und Bänder sind gereizt, regelrecht verletzt, da drückt man nicht drauf herum. Lieber einen Tag warten. Von Massagen vor einem Wettkampf raten wir ebenfalls ab.

In der **Ruhe** liegt bekanntlich die Kraft. Das gilt auch nach Training und Wettkampf. Die Regeneration nach normalen Trainingseinheiten kann auch einfach darin bestehen, mal einen Nachmittag oder Abend auf dem Sofa zu sitzen oder einen ganz gemütlichen Spaziergang zu machen (aber das ist ja dann schon fast aktives Regenerieren).

**Wechselduschen** sind erfrischend und wohltuend für die Muskeln. 20 Sekunden kalt, 2 Minuten warm und so weiter. Immer mit kalt beenden.

*Sauna ist die wohl beliebteste Form der Regeneration. Mein Sauna-Tipp: viel Zeit nehmen, drei intensive Saunagänge mit langen Pausen. Keine Gymnastik zwischendurch. Nicht mit Eis abreiben oder direkt ins kalte Tauchbecken (schließt die Poren). Lieber an die frische Luft gehen und dann kalt duschen.*

Der **Whirlpool** kommt auf der Beliebtheitsskala gleich nach der Sauna. Weil viele reinpassen herrscht oft eine Atmosphäre wie am Kneipentresen. 10 bis 20 Minuten whirlen entspannt Muskeln und Kreislauf.

## Die aktive Regeneration

Passive Regeneration macht man fast intuitiv. Wichtiger sind deshalb Kenntnisse der aktiven Regeneration. Gerade bei starken Belastungen ist es sinnvoll dem Körper aktiv Gutes zu tun und so zu einer Entspannung strapazierter Systeme beizutragen.

Sinn der aktiven Regeneration ist es immer, die Selbstheilungskräfte des Körpers zu aktivieren und die Systeme wieder in ein Gleichgewicht zu bringen.

Erste Maßnahme der aktiven Regeneration ist das Auslaufen oder Ausschwimmen. Beim Training baut man das schon in die Trainingsdistanz mit ein, dass man am Ende locker ausläuft, schwimmt oder radelt. Beim Wettkampf hingegen gibt man bis ins Ziel das Letzte, und dann ist es umso wichtiger, wenigstens noch zehn, fünfzehn Minuten auszulaufen, damit der Körper nicht zu plötzlich in den Wechsel aus maximaler Belastung und maximaler Entspannung fällt. Aber ehrlich gesagt, das schaffen die Wenigsten.

Nach dem Auslaufen oder am nächsten Tag:

- Bewegungsbäder oder leichtes Schwimmen ohne jede Belastung
- leichte gymnastische Übungen
- leichte Regenerationsläufe
- leichte Wassergymnastik
- Stretching

**Vordere Oberschenkelmuskulatur**
Oberschenkel-Stretching

Im aufrechten Einbeinstand – Oberschenkel parallel – einen Fuß greifen, wenn möglich mit beiden Händen am Fußgelenk, und langsam in Richtung Gesäß ziehen. Das Becken muss durch eine angespannte Gesäßmuskulatur aufgerichtet und der Rumpf durch Bauch- und Rückenmuskulatur stabilisiert sein (keine Ausweichbewegung des Beckens).

Diese Position sieben bis zehn Sekunden halten. Langsam die Spannung lösen und die Seite wechseln.

**Hintere Oberschenkelmuskulatur**
Zweiköpfiger Schenkelmuskel, Halbsehnenmuskel, Plattsehnenmuskel
Dehnung der Beuger und des Pos

Aus mittlerer Schrittstellung leicht nach hinten »Setzen«, wobei das hintere Bein gebeugt und das vordere gestreckt bleibt. Die Oberschenkel bleiben nebeneinander. Nun den geraden Oberkörper durch ein Kippen des Beckens nach vorne beugen und die Fußspitze nach oben ziehen.

Diese Position sieben bis zehn Sekunden halten. Dann langsam die Spannung lösen und die Seite wechseln.

**Zwillingswadenmuskel**
Dehnung der oberen Wadenmuskulatur

In Schrittstellung wird das hintere Bein im Kniegelenk gestreckt, dabei die Ferse am Boden lassen. Dann wird die Hüfte nach vorn geschoben.

Diese Stellung einige Sekunden halten und dann das Bein wechseln und das Ganze wiederholen.

**Wadenmuskulatur**
Kräftigung

Leicht schräg zum Stuhl auf die Zehenspitzen stellen

Ferse langsam, aber nicht ganz nach unten senken und wieder auf die Zehenspitze gehen.

Diese Übung 15- bis 20-mal wiederholen.

Dann das Bein wechseln und die Übung wiederholen.

**Großer Brustmuskel**
Dehnung des großen Brustmuskels

Seitlich an einen Pfeiler oder Türrahmen stellen und Arm in Schulterhöhe rechtwinklig hinter dem Körper an der Wand fixieren. Nun den Oberkörper nach vorn drehen, dabei einen Schritt nach vorn machen. Becken nicht verdrehen. Sieben bis zehn Sekunden halten. Danach den Arm wechseln und das Ganze wiederholen.

Bei allen Maßnahmen liegt die Betonung immer auf LOCKER, GAAANZ LOCKER. 20 bis 30 Minuten. Die Bewegung muss dir fast greisenhaft vorkommen, die Belastung kaum spürbar sein, dann ist es richtig.

Wer die aktive Regeneration als Alibi benutzt, um schon wieder ins Training einzusteigen, der übertreibt gefährlich.

*Mein Tipp: Aqua-Jogging. Es sieht vielleicht ein bisschen blöd aus, mit einem Styropor-Gürtel um den Bauch durchs tiefe Wasser zu gehen, aber es ist eine wunderbare Regenerationsmaßnahme und kann bei härterer Gangart auch ein exzellentes Kraftausdauertraining sein.*

*Freizeitsportler und Semi-Profis, die es noch weit bringen wollen, schrecken vor längeren Trainingspausen zurück. Die Angst ist groß, im Trainingsstand um Jahre zurückgeworfen zu werden. Das Gegenteil ist der Fall. Ich mache nach einer Saison mit viel Training und Wettkämpfen vier bis sechs Wochen nichts. Fast nichts – also 3 bis 5 Stunden Training die Woche. Danach fühle ich mich fitter als vorher und bin wieder hochmotiviert, um ins härtere Training einzusteigen.*

# WETTKAMPF

Noch mehr als in seinen Einzelsportarten ist der Triathlon insgesamt vom Wettkampf getrieben. Wie eingangs beschrieben: Das Training ist der Weg, das Ziel ist der Wettkampf. Ein Volkstriathlon, die Kurzdistanz oder gleich Half-Ironman oder Ironman: Auch Amateure wollen irgendwann als Lohn fürs Training an einem Schwimmstart stehen und über eine Ziellinie laufen.

## Faszination

Wer einen Wettkampf mitgemacht hat, wird auch noch viele weitere mitmachen. Die Atmosphäre, die Aufregung, das Miteinander der Teilnehmer, die Sympathie des Publikums, das Rennen gegen sich selbst – das alles gibt es in keiner anderen Sportart. Bei vielen größeren Wettbewerben sind Profis, Semi-Profis und Freizeittriathleten nahezu gleichzeitig am Start. Ein großes Spektakel mit Pasta-Party, Triathlon-Messe, TV-Berichterstattung und Prominenten-Aufgebot bringt ganze Regionen auf die Beine. Da ist es schon wie ein Sieg, einer der Akteure zu sein.

*Triathleten sind Freunde. Auch bei den Profis. Wir schenken uns nichts auf der Strecke, schließlich geht es um viel. Da bleiben auch kleine Gemeinheiten wie dumme Sprüche und versteckte Irritationen nicht aus. Heilige sind wir alle nicht. Aber im Ziel sind wir wieder eine Gemeinde. Wir kennen uns von Neuseeland bis Kanada. Wir respektieren und mögen uns und haben eine Menge Spaß miteinander. Bei Freizeit-Triathleten ist das noch stärker. Man kämpft nicht gegeneinander, sondern gemeinsam gegen die Strecke, den Wind, die Steigung, die Schmerzen und jeder fühlt sich als Held, der das hinter sich bringt. Man hilft sich auch im Wettkampf, den Wenigsten geht es am Ende um ein paar Sekunden mehr oder weniger, wenn sie einem Stolpernden aufhelfen können. Und so ist der Wettkampf im Triathlon für die Meisten nicht wirklich ein Kampf, sondern eher ein Sportfest, ein spannendes Treffen Gleichgesinnter.*

*»Einen tatsächlichen oder angenommenen Trainingsrückstand holst du in diesen Tagen nicht mehr auf.«*

## Vorbereitung

Bei allem Miteinander und aller Folklore: Ankommen will man und möglichst in einer guten Zeit und deshalb ist das Training auf den Wettkampftag auszurichten. Man steigert sich also gemäß dem Trainingsplan über Wochen.

In der letzten Woche vor dem Wettkampf fährt man sein Pensum dann allerdings fast auf Null. Das Training ist für Volkstriathlon und Kurzdistanz auf einige wenige kurze Läufe und Radeinheiten zu beschränken. Half-Ironman- und Ironman-Aspiranten machen »nur noch« ein Stündchen ganz leichtes Lauftraining oder Ähnliches am Tag. Zu nichts mehr zwingen.

Die letzte Woche vor dem großen Ereignis widmet man sich eher den organisatorischen und logistischen Aufgaben: Ist das Material vollständig und in Ordnung? Von Schuhbändern bis Gangschaltung, von Sonnenbrille bis Sicherheitsnadeln für die Startnummer. Es ist kein Tipp zu blöd, um hier nicht gegeben zu werden. Man kann alles vergessen. Es sind schon Leute ohne Schuhe am Start aufgetaucht (Barfußlaufen ist übrigens meistens verboten). Die Aufregung macht aus organisierten und selbstständigen Menschen konfuse Nervenbündel (Packliste zum Kopieren und Abhaken siehe nächste Seite).

Die Ernährung in der letzten Woche ist im entsprechenden Kapitel beschrieben.

*Einen tatsächlichen oder angenommenen Trainingsrückstand holst du in diesen Tagen nicht mehr auf. Also versuch es erst gar nicht. Wenn du regelmäßig trainiert hast, dann hast du vielen Mitstartern schon etwas voraus. Bei Volkstriathlons gehen zum Beispiel auch Leute an den Start, die in den zwei Wochen zuvor ein paar Runden gelaufen sind. Die kommen auch irgendwie an. Ruhe ist jetzt die erste Sportlerpflicht.*

## Packliste

Kopieren und abhaken

**Allgemein**

- ▢ Startunterlagen
- ▢ Startnummer
- ▢ Startnummerband und Sicherheitsnadeln
- ▢ Pulsuhr und Brustgurt (Batteriestand?)
- ▢ Anreisebeschreibung (Entfernung und Staugefahren der Anfahrtstrecke checken)
- ▢ Sonnencreme
- ▢ Handtuch
- ▢ Duschgel

**Schwimmen**

- ▢ Schwimmanzug
- ▢ Neoprenanzug
- ▢ Badekappe
- ▢ Schwimmbrille (besser zwei)
- ▢ Badelatschen (billige, die gehen oft verloren)

**Radfahren**

- ▢ Voll funktionstüchtiges Rad (noch mal vom Händler checken lassen), das den Wettkampfvorschriften entspricht (Tri-Lenker ist z.B. nicht immer erlaubt).
- ▢ Tacho (Batteriestand?)
- ▢ Transponder (Zeitmessgerät, bekommt man bei der Akkreditierung, richtig montieren)
- ▢ Startnummern (richtig befestigen)
- ▢ Helm
- ▢ Handschuhe
- ▢ Radschuhe (Pedal-Platten erneuern)
- ▢ Ersatzschlauch, besser zwei (neue, nichts Geflicktes!)
- ▢ Reifenheber
- ▢ Pumpe (muss mit Klettband extra gesichert sein)
- ▢ Trinkflaschen (gut ausgespült und gefüllt)
- ▢ Verpflegung

**Laufen**

- ▢ Laufschuhe (Schnürbänder ok?)
- ▢ Socken
- ▢ Kappe

*Solarerberg in Roth. Er wird als Alpe d`Huez des Triathlon bezeichnet. Auch hier stehen ähnlich wie bei der Tour de France bis zu 30 000 Zuschauer an der Strecke.*

## Regeln

Auf der Homepage der Deutschen Triathlon Union (www.dtu-info.de) finden sich Links zu folgenden Regelwerken: Sportordnung, Bundesligaordnung, Teamtriathlonordnung, Wintertriathlonordnung, Veranstalterordnung, Abgabenbestimmungen, Anti-Doping-Ordnung, Welt-Anti-Doping Code, Disziplinarordnung, Rechts- und Verfahrensordnung, Kampfrichterordnung, Startpass, Startrecht Bundesliga, Windschattenfreigabe, Geschäftsordnung. Wer mag, kann sich das alles dort ansehen. Wir beschränken uns hier auf die wichtigsten Regeln und ein paar Tipps dazu.

**Vor dem Schwimmen** ist zu klären, ob das **Tragen des Neoprenanzugs** vorgeschrieben, freigestellt oder verboten ist. Das hat mit der Wassertemperatur zu tun und mit dem Veranstalter. Das kann auch sehr kurzfristig festgelegt werden, und dann ist es schlecht, wenn man gar keinen Neo hat. Bei Volkstriathlons wird der Neo in der Regel nicht vorgeschrieben.

Der **Schwimmstart** erfolgt je nach Umgebung und Veranstalter als:

... Landstart – alle rennen ins Wasser
... Hüpfstart – alle springen ins Wasser
... Schwimmstart – alle sind schon im Wasser und schwimmen beim Startschuss unter einer Startleine durch
... Start von Fähre – alle starten von einem Schiff. Beliebt in Flüssen.

*Schwimmstart im Morgengrauen um 6:30 Uhr in Roth.*

**Beim Schwimmen** darf man andere nicht behindern. Dass man sie berührt, ist nicht zu vermeiden und nicht regelwidrig. Natürlich muss man die mit Bojen oder anderen Wassermarken markierte Schwimmstrecke einhalten.

**Nach dem Schwimmen** darf man den Neo auf dem Weg zur Wechselzone vom Oberkörper streifen. Ganz ausziehen darf man ihn erst in der Wechselzone.

**Am Rad** muss man erst den Helm aufsetzen und schließen (Klick! Sonst raus!). Startnummer umbinden, sodass sie nach hinten zeigt. Dann das Rad nehmen und losLAUFEN. Wer in der Wechselzone fährt, ist draußen.

### Stationen unseres Wettkampflebens

Es gibt viel zu erleben, wenn man an so vielen Wettkämpfen teilnimmt wie wir. Hier schildern wir Erfahrungen, Anekdoten und Sensationen entlang der Strecke eines Ultra-Triathlons

**Genf 1989**
*Ich werde Junioren-Europameisterin, und das in meiner zweiten Triathlon-Saison. Ich bin heute noch gern in Genf.*

**STARTLINIE**

**Hawaii 1992**
*Endlich geschafft: gestern noch ein junger Sportler aus einem Dorf in Rheinhessen, heute beim Ironman am Start – lautes Geschrei von allen Athleten kurz vor dem Start – Gänsehaut – ein Pfarrer aus Kona spricht ein kurzes Gebet – wieder Gänsehaut – Startschuss.*

**Auf der Radstrecke** nicht über die Mittellinie fahren. Beim Ironman Hawaii herrscht Rechtsfahrgebot. Bei manchen anderen Rennen auch. Besonders entscheidend ist die **Windschattenregel**.

Beim Volkstriathlon, beim Half-Ironman und beim Ironman ist das Fahren im Windschatten des Vordermannes verboten. Es gilt ein Windschattenfenster von zehn Metern hinter und vor jedem Fahrer und zwei Metern zu jeder Seite.

Bei der olympischen Distanz gibt es diese Regel nicht. Da ist das Windschattenfahren erlaubt.
Die **Windschattenregel** ist ständig in der Diskussion und wir tragen unseren Teil dazu bei, dass sie auch in der Diskussion bleibt. Einen Versuch, das Windschattenfenster zu verkleinern und damit das Windschattenverbot faktisch auszuhebeln, haben wir Anfang 2004 erfolgreich verhindert. Aber jeder Sportler tut gut daran, sich vor dem Rennen über die gerade geltende Regel zu informieren. Die Kampfrichter sind auch bei Jedermann-Rennen sehr streng.

Immer cool bleiben. **Kampfrichter anschnauzen** ist nämlich auch verboten.

**Überholen** ist natürlich erlaubt. Wenn man dann nicht rechtzeitig wieder einschert, kann das als »Blocking« geahndet werden.

**Am Ende der Radstrecke:** VOR der Linie absteigen, Helm bleibt auf dem Kopf. Der wird erst geöffnet und abgenommen, wenn du an deinem Abstellplatz bist.

Auch auf der **Laufstrecke** gilt: Nicht über die Mittellinie laufen. Andere beim Überholen nicht behindern – egal, ob du überholst oder überholt wirst.

**Keine Verpflegung annehmen.** Auch nicht von Freunden. Verpflegung nur an den offiziellen Stellen annehmen.
Grundsätzlich immer fair bleiben: bei Stürzen und Zusammenbrüchen helfen.

**Die Strafen**
Die härteste Strafe ist natürlich die Disqualifikation – rote Karte. Aber davor gibt es noch gelbe Karten und Zeitstrafen.

Wofür welche Strafe verhängt wird, liegt sehr weit im Ermessen der Kampfrichter. Die Dauer der Zeitstrafen hängt natürlich auch von der Gesamtdistanz ab.

Bei einer gelben Karte auf der Radstrecke steigt man in der Regel kurz ab, nimmt die Rüge entgegen und fährt weiter. In der Penalty-Box der Wechselzone brummt man dann die vom Kampfrichter auferlegte Zeitstrafe (meistens zwei bis fünf Minuten) reumütig ab. Diskussionen mit den Kampfrichtern sollte man in jedem Fall vermeiden. Das macht die Sache nur teurer.

**Hawaii 1994**
*Erste Hawaiiteilnahme. Reise mit Lothar in seiner Chaos-Variante. Wir kamen drei Tage vor dem Rennen an. Es folgt ein definitiver Kreislaufzusammenbruch im EnergyLab. Da hatte ich erstmal genug vom Ironman.*

**Phuket, Thailand 1994**
*Zwei Minuten vor dem Start, ein Elefantenbaby wird zur Belustigung vor uns auf- und abgeführt. Dann reißt das Gummiband meiner Schwimmbrille. Schwimmen im Meer ohne Brille und den ganzen Tag rote Augen.*

**Hawaii 1995**
*Kurz vor dem Start habe ich nochmal an eine riesige Werbe-Gatorade-Flasche gepinkelt. Das sieht man da nicht gerne. Fast wäre ich von der Polizei verhaftet worden.*

Gelbe Karte – z.B. für kurzes Windschattenfahren, Behinderung im minder schweren Fall, Annahme von Getränken.

Rote Karte – Radfahren in der Wechselzone, Radfahren mit offenem Helm, grobes Behindern, alle schlimmeren Fouls und Respektlosigkeiten gegenüber den Kampfrichtern oder anderen Sportlern.
Zwei gelbe Karten in einem Rennen haben die gleiche Wirkung wie eine rote: raus!
Lizenzfahrer können in besonders schweren Fällen auch für eine gewisse Zeit von Wettkämpfen ausgeschlossen werden.

*»Das Publikum muss man positiv nutzen. Sympathie und Anfeuerung überwiegen sowieso.«*

## Strategie

Am Start erkennt man den Sieger, heißt es im Pferdesport. Im Triathlon gilt das nicht. Wer blitzsauber durchs Wasser kommt, glänzt noch lange nicht an der Ziellinie.

Überstanden wird ein Triathlon, egal welcher Distanz, mit Kraft und Ausdauer und einem unbedingten Willen zum Durchhalten. Gewonnen wird er mit optimaler Trainingsvorbereitung und der richtigen Strategie.

Drei Komponenten gilt es in den Griff zu bekommen: die Gegner, die Strecke und die eigenen Ressourcen. Wenn man gewinnen will, muss man die Gegner zu jeder Zeit im Auge behalten und kontrollieren können. Die Strecke muss man gut kennen, damit man die eigenen Ressourcen auf ihr verplanen kann.

Ein Prinzip ist ganz wichtig und auf fast jeder Strecke richtig: Man sollte immer versuchen, in der ersten Hälfte der Distanz verhaltener zu sein, als in der zweiten. Das bedeutet: bis zur Mitte der Radstrecke mit etwas gebremster Kraft schwimmen und radeln. Auf der Mitte der Radstrecke langsam steigern, um dann auf den letzten Laufkilometern die letzten Reserven zu aktivieren. Nur wenn du am Ende noch Power übrig hast, kannst du etwaige Gegner noch überholen und den Ersten machen.

*Das Publikum muss man positiv nutzen. Sympathie und Anfeuerung überwiegen sowieso. Das kann wie Rückenwind wirken, wenn da in allen Sprachen durcheinander gebrüllt wird. Man hört selten irgendetwas Gemeines von Fans der Konkurrenten. Das muss man dann ignorieren – auch wenn es manchmal schwer fällt. Als Profis haben wir bisweilen mit wohlmeinenden Zuschauern zu tun, die uns Zeiten zurufen oder Platzierungen. Das verwirrt. Und es nützt nichts, wenn mir beim Schwimmausstieg einer zuruft, dass ich Vierundvierzigste bin. Das hat zu diesem Zeitpunkt gar keine Bedeutung. Ich verlasse mich nur auf die Zeiten meiner eigenen Helfer.*

**Korea 2000**
*In der ersten Schwimmrunde ziehen Nebelbänke in die Bucht. Sichtweite max. 10 m. Ich habe das Gefühl im Kreis zu schwimmen. Einziger Gedanke: Bloß nicht abreißen lassen von der Gruppe, sonst bist du gleich ganz allein.*

SCHWIMM-KM 1,2 SCHWIMM-KM 1,3

**Neuseeland 1992**
*Mein erster Ironman überhaupt. Endlich bin ich um die erste Boje herum. Es wird ruhiger. Wenn ich den Kopf hebe, sehe ich die Skyline von Auckland. Cool: Ich bin am anderen Ende der Welt und mache Triathlon.*

*Ich habe auf einem Rundkurs beim Laufen von einem Zuschauer mal absichtlich eine falsche Zwischenzeit zugerufen bekommen. Das hat mich ganz schön wütend gemacht. Bei der nächsten Runde habe ich ihm dann eine Ladung Wasser verpasst – zum Vergnügen der Umstehenden. Zur Nachahmung ist so etwas aber nicht empfohlen. Man muss seine Emotionen unter Kontrolle halten.*

*Wechselzone. In den Tüten befinden sich die Rad- bzw. Laufsachen der Athleten.*

## Allgemeine Tipps

### Vor dem Start

- Erwartungen nicht zu hoch schrauben – rechne mit allem.
- **Konzentration**: Schon Tage vorher sammeln, auf den Start einstellen.
- Informiere dich rechtzeitig über Abgabezeiten fürs Rad, Umkleidemöglichkeiten, Pendelbusse und was sonst noch wissenswert ist auf dem Weg zum Schwimmstart.
- Nicht völlig verschließen, auch im Startbereich mit anderen plaudern, scherzen, aber nicht unbedingt übers Rennen reden.
- Schwimm dich ein, wenn möglich.
- Sieh dir am Start an, wie die Sonne zu den Bojen steht. Dann verlierst du im Wasser nicht die Orientierung.
- Erkundige dich bei lokalen Helfern nach der vorhandenen Strömung und stell dich mental darauf ein.
- Sieh dir den Schwimmausstieg vorher genau an. Treppe? Rampe? Teppiche? Sand? Stell dich darauf ein.
- Radstrecke und Laufstrecke nach Möglichkeit mal mit dem Auto abfahren.
- Wechselzonen genau ansehen. Verpflegungsstellen merken.

Mainz 2003

*Sprinttriathlon in Mainz. Ich verpasse den Schwimmausstrieg – hätte ich mir doch mal genauer anschauen sollen. Das Zurückschwimmen gegen die Strömung im Rhein ist kein Vergnügen.*

**SCHWIMM-KM 1,5**

**SCHWIMM-KM 1,8**

Roth 1996

*Meine Kumpels laufen am Ufer neben mir und ich muss fast lachen. So ein Fanclub macht aber auch Druck. 15 Leute aus meiner Heimat, die etwas von mir erwarten.*

*Bei dem einen oder anderen geht auch das Maskottchen mit auf die Radstrecke.*

## Während des gesamten Wettkampfes

- Auch auf der Strecke: kommunizieren, auch mal lächeln, auch mal Kindern am Streckenrand zuwinken – das schützt vor Verkrampfungen jeder Art.

- Wenn du attackierst: nicht nach dem ersten Versuch aufgeben. Nimm dir vier Versuche, dann schaffst du es beim dritten.

## Beim Schwimmen

- In Flüssen immer die Mitte nehmen. Da ist die Strömung am stärksten.

## Zum ersten Mal in der Wechselzone

- Immer bewusst machen: Die Wechselzone ist Teil des Wettkampfes. Besonders bei Kurzdistanzen kann man hier viel Zeit gewinnen bzw. verlieren.

- Bereits auf dem Weg vom Schwimmausstieg Wechselszenarien im Kopf durchgehen.

- Keine Sprints.

- Abstellplatz merken anhand unveränderlicher Kennzeichen (gut: Baum, Haus, Briefkasten – schlecht, weil veränderlich: Auto, Sonnenschirm, Luftballon)

- Wenn es Zelte zum Umziehen gibt: Plätze weiter hinten aussuchen. Da ist nicht so viel Gedränge.

- Bei kaltem Wetter Trikot überziehen.

- Der Helm liegt vor den Schuhen, sodass man sich bücken kann, die Schuhe anzieht und gleichzeitig den Helm hochnimmt. Einmal Bücken gespart.

- Atmen nicht vergessen. Im Stress des Wechsels presst man zu sehr und verkrampft.

- Rad greifen und schnell loslaufen. Dabei muss man Aggression für die Radstrecke aufbauen.

- Nicht ablenken lassen und nicht zu höflich sein. Vorfahrtregeln gibt es nicht in der Wechselzone. Also Gas geben.

- Trotzdem aufpassen: Hohes Verletzungsrisiko beim Hantieren mit den Rädern.

**SCHWIMM-KM 1,9**

Hawaii 1998

*Es ist jedes Jahr etwas Besonderes in Hawaii: die Wende am Boot. Du denkst, okay die erste Hälfte vom ersten Teilabschnitt ist um.*

**SCHWIMM-KM 3,2**

Roth 2001

*Das Kameraboot behindert mich und macht miese Wellen. Ich schreie: »Haut ab mit eurem Scheiß-Boot.« Leider wurde diese Szene abends in der Fernsehberichterstattung verwendet – peinlich.*

## Beim Radfahren

- Strecke im Kopf in kleine Abschnitte einteilen, dann ist das Erreichen jeden Abschnitts ein kleiner Etappensieg.

- Auf dem Rad wird man leicht zu euphorisch: das Tempo, das Publikum, die Kühlung durch den Wind. Trotzdem den Rest des Rennens im Auge behalten.

- Berghoch extrem ruhig fahren. An einer zu beherzt genommenen Steigung kann man sich die Muskeln für den Rest des Rennens sauer fahren.

## In der zweiten Wechselzone

- Ebenfalls auf den letzten Radmetern die Vorgänge beim Wechsel im Kopf durchspielen.

- Wer es kann, öffnet bereits auf den letzten hundert Metern die Schuhe.

- Schnell laufen in der Wechselzone.

- Radtrikot im Laufen ausziehen.

- Laufschuhe sind entweder mit Gummis oder Schnellverschlüssen (Schubis) schnell anzuziehen und zu schließen.

## Beim Laufen

- Kleine Etappen setzen. Nicht die ganze Strecke als eins angehen (z.B. nächste Verpflegung, nächstes Kilometerschild).

- Tunnelblick vermeiden, auch mal nach rechts und links schauen. Dann bleibst du locker.

- Rückstand nach und nach aufholen. Der nächste Läufer ist das Ziel – regelrecht »abschießen«.

- Vor dem Überholen antreten, nach dem Überholen Tempo wieder etwas herausnehmen.

*Das typische Gedrängel beim Schwimmstart. Roth 2002.*

**RAD-KM 5**

**Israel**

*Man muss mit dem Rad langsam durch einen Checkpoint der Armee. Alle Soldaten sind schwer bewaffnet. Ein komisches Gefühl.*

**RAD-KM 60**

**Fidji-Inseln**

*Plattfuß vorne. Hektik. Ein Einheimischer steht neben mir, mit langem Rock und Blume im Haar und ist noch nervöser als ich. Er hatte sicher noch nie vorher einen Triathleten mit Platten gesehen. Er war keine große Hilfe, aber nett.*

## Tipps für starke Schwimmer

- Mach dir klar: Ein starker Schwimmer, der gleichzeitig ein mittelmäßiger Läufer und Radfahrer ist, kann kein Rennen gewinnen. Also arbeite fürs nächste Mal auch an den anderen Disziplinen.
- Spiele deine Stärke aus, aber vergiss nicht, dass du noch Rad fahren und laufen musst.
- Setz dich beim Schwimmen an die Spitze des Feldes und profitiere von den noch Stärkeren.
- Keine »Schlägereien« im Wasser. Defensiv bleiben.
- Bereite dich psychisch darauf vor: Wer beim Schwimmen vorne ist, wird später öfter überholt. Lass dich davon nicht entmutigen.
- Häng dich an Radfahrer dran, die etwas stärker sind. Auch bei Windschattenverbot sind sie auf Distanz wenigstens eine psychologische Lokomotive.
- Beim Laufen: durchhalten statt sprinten.

## Tipps für starke Radfahrer

- Wenn du einigermaßen mitschwimmst und beim Laufen nicht einbrichst, kannst du mit deiner Radleistung auf einen guten Gesamtplatz fahren.
- Beim Schwimmen außen bleiben, nicht im Gewühl Wasser schlucken. Von guter Gruppe mitziehen lassen.
- Beim Radfahren andere nicht mitziehen. Mach dich rar. Die anderen sollen selber arbeiten.
- Lerne das Streckenprofil auswendig oder klebe es dir auf den Lenker.
- Beim Radfahren das spätere Laufen nicht vergessen. Fahr dich nicht leer, sonst siehst du alle, die du auf dem Rad überholst, beim Laufen wieder.
- Vor dem Laufen unbedingt noch Energie (Riegel, Gel) zuführen.

**Brasilien 2001**
*Polizisten machen sich einen Spaß und messen unsere Geschwindigkeit mit Radarpistolen. Ergebnis unbekannt.*

RAD-KM 90 RAD-KM 100

**Hawaii 1999**
*Keine Zuschauer. Das größte Rennen der Welt, und keiner kommt zur Radwende, dachte ich. Wir sind mit Roth und seinen vielen Zuschauern sehr verwöhnt.*

## Tipps für starke Läufer

- Du hast als starker Läufer die beste Voraussetzung, da deine Disziplin die letzte ist. Hier kannst du einiges von der Zeit wieder aufholen, die du vielleicht beim Schwimmen oder Radfahren verloren hast.

- Für die meisten Triathleten ist das Laufen eher die schwächere Disziplin. Das verschafft dir einen Vorteil.

- Profil der Strecke nutzen: bergauf kurze Schritte, bergab lange Schritte. Nach jeder Kurve antreten und wieder Geschwindigkeit aufnehmen.

*Lothar bei der Flüssigkeitsaufnahme beim Ironman Germany in Frankfurt 2001.*

**Gmünden 1988**
*Mein erster Triathlon. Ich vergesse vor lauter Hektik, in der Wechselzone den Helm abzusetzen, und habe alle Lacher auf meiner Seite.*

**Frankfurt 2002**
*Ich begleite eine blinde Triathletin beim Ironman Frankfurt auf der Laufstrecke. Eine beeindruckende Erfahrung. Triathlon mal ganz anders.*

WECHSELZONE

LAUF-KM 1

**Hückeswagen 1989**
*Ich steige nach der Radstrecke mit drei Minuten Vorsprung ab, bin total kaputt und werde beim Laufen gnadenlos durchgereicht. Die Quittung für zu schnelles Radfahren.*

# Strategien für verschiedene Distanzen

Generell gilt das Motto: Nie aufgeben!
Wer wegen einer schlechten Zwischenzeit nach dem Schwimmen, einer Reifenpanne, eines harmlosen Sturzes mit dem Rad oder weil er vom Erzrivalen überholt wurde gleich die Startnummer in den Dreck wirft, der muss sich einen Mangel an Kampfgeist vorwerfen lassen. Und einen Mangel an Respekt vor der eigenen Trainingsleistung.
Der Tag des Wettkampfes ist nämlich dein Zahltag. Das gilt besonders für den Ironman, aber auch für alle anderen Wettbewerbe und Distanzen. Hier bekommst du zurück, was du im Training eingezahlt hast. Und der Lohn heißt: Finish. Nicht Sieg. Der kommt, wenn es besonders gut läuft, als Prämie oben drauf. Auf der Ziellinie bist du immer ein Sieger, egal mit welcher Platzierung. Ausnahmen sind natürlich ernstere Verletzungen und brutale Erschöpfungszustände. Wenn nichts mehr geht, muss man abbrechen. Das ist man seiner eigenen Gesundheit schuldig.

## Volksdistanz und Kurztriathlon (Olympische Distanz)

Je kürzer die Distanz, desto aggressiver das Rennen. Da wird kein Fehler verziehen.

Bei Volkstriathlon (500-20-5) und Kurztriathlon (1500-40-10) kommt es auf gute Ergebnisse in allen Disziplinen an, sonst hat man keine Chance, vorne dabei zu sein.

Bei diesen Distanzen, auf denen man ein bis zweieinhalb Stunden unterwegs ist, spielt die Ernährung keine große Rolle. Flüssigkeit ist wichtig, bei der Kurzdistanz vielleicht ein paar Riegel oder Gels.

Vollgas von Anfang an ist nicht zu empfehlen. Lieber im Rahmen der eigenen Möglichkeiten bleiben. Bei Angriffen darf man aber auf dem Rad oder beim Laufen ruhig mal überziehen. Man kann sich ja immer sagen: So weit ist es nicht mehr.

Realistische Ziele setzen. Dabei ist es wichtig, Strecken und Zeiten nicht zu vergleichen. Ein Jedermann-Triathlon 2004 in Hamburg ist nicht zu vergleichen mit einem Wettbewerb der gleichen Distanz in Darmstadt. Strecken und Bedin-

**Djerba 1996**
*Einzige Verpflegungsstation auf der Laufstrecke. Ein kleiner Junge ist so erschrocken beim Anblick so vieler leicht bekleideter Triathletinnen, dass er alle Wasserbecher fallen lässt.*

**Japan 2003**
*Wir kommen an einem Altersheim vorbei. Ein sehr alter Mann (mindestens 90) schwenkt stehend sein Fähnchen und feuert uns an. Eine Pflegerin stützt ihn, damit er nicht umkippt. 20 Kilometer später komme ich wieder vorbei: Er steht immer noch da. Das sind Fans!*

LAUF-KM 6 ▶ ▶ ▶ LAUF-KM 8

**Phuket, Thailand 1997**
*Drei Wasserbüffel versperren komplett die Laufstrecke. Ich bin sauer, 30 Sekunden warten, weil ich Schiss habe durchzulaufen. Aber der Anblick ist so schön.*

gungen sind viel zu unterschiedlich. Auch die Zeit auf gleicher Strecke vom Vorjahr ist nur bedingt zum Vergleich zu gebrauchen. Rückenwind oder Gegenwind, starke Gruppe oder schwache, Sonne oder Regen – zahlreiche Faktoren bestimmen das Ergebnis.

Um zu wissen, ob du in diesem Jahr besser warst als im vorigen Jahr, schau auf die Gesamtplatzierung und auf die deiner Altersklasse.

## Mitteldistanz (Half-Ironman)

Der »kleine Ironman« darf auf keinen Fall unterschätzt werden. Für 4-6 Stunden absolute Höchstleistung muss man gut vorbereitet sein.

Sportler, die die Kurzdistanz bereits mehrfach erfolgreich absolviert haben, neigen dazu, dieses Rennen zu schnell anzugehen.

Generell ist mehr Ruhe erforderlich, mehr Bedarf an guter Vorbereitung, auch organisatorisch. Stress vermeiden.

Das Rennen kann flexibler gestaltet werden als die Kurzdistanzen. Bei einer schlechten Schwimm- oder Radzeit kann man das Gesamtergebnis beim Laufen immer noch verbessern.

*Lothar beim Wechsel.*

Du wirst für viele Stunden auf einem hohen Pulslevel sein. Wichtig ist aber, dass du deinen eigenen Rhythmus findest. Nicht so sehr nach anderen gucken. Das Tempo nicht über einen längeren Abschnitt verschärfen.

Die Ernährung wird wichtiger. Besonders auf dem Rad reichlich Kohlenhydrate tanken.

Roth 2002
*Ich bekomme Durchfall. Leider kann ich meinen Anzug mit Zipper hinten nicht allein öffnen.*

Roth 2002
*Immer noch schlimme Magen-Probleme. Eine Freundin unserer Tochter Mia steht mit selbst bemalten Bettlaken an der Strecke, um mich anzufeuern. Das Gehen fällt mir schon schwer. Ich will sie nicht enttäuschen und schaffe es, mich wieder zum Laufen zu bewegen.*

**LAUF-KM 20** **LAUF-KM 25**

Roth 1997
*Ich laufe neben meinem Konkurrenten Luc vom Lierde. Er fängt an zu quasseln. Ich kann nicht reden, bin zu kaputt, er zieht davon. Läuft Weltbestzeit. Ich werde Dritter, ebenfalls mit einer Super-Zeit.*

## Ironman

Zwei große Fehler kann man machen in der Vorbereitung auf einen Ironman: zu wenig Training und zu viel Training.

Also die individuellen Trainingspläne einhalten und besonders auf Symptome des Übertrainings achten.

Für den Ironman sollte man sich einen Helfer mitbringen. Der muss selbst kein Sportler sein. Oft sind es Väter oder Mütter, Geschwister, Ehepartner oder Trainingskameraden.

Der Helfer sorgt dafür, dass deine Sachen am Start beieinander sind. Er hilft die Wege zu finden, die Klamotten zu schleppen und die Aufregung in Grenzen zu halten. Ein guter Helfer spricht nicht dauernd vom Rennen.

Auf der Strecke reicht er an den vereinbarten und erlaubten Stellen Verpflegung und Getränke. Wo gewünscht, gibt er Platzierung und Zwischenzeiten weiter.

**Wichtige Eigenschaften für den Helfer sind:**

- Ausgeglichenheit und Coolness.

- Er sollte seinen Sportler gut kennen und mögen.

- Zuverlässigkeit. Der Helfer muss sich unbedingt an die getroffenen Vereinbarungen halten.

- Ein dickes Fell. An diesem Tag ist der Helfer Butler, Kuli, Wasserträger und Mutti. Das darf seine Eitelkeit nicht belasten. Nach dem Rennen wird er den Dank des Ironman zu spüren bekommen.

**Tipps für einen langen Tag:**

- Du hast einen verdammt langen Tag vor dir. Es kann alles passieren. Du wirst leiden. Du wirst viel allein sein.

- Aber: Du machst es, weil du es gerne machst. Genieße diesen Tag, du hast hart dafür trainiert. Genieße auch die unglaubliche Aufregung am Start.

- In Gedanken das Rennen in kleine Abschnitte aufteilen: die erste Boje, die erste Wechselzone, die erste Steigung, jeden einzelnen Angriff. Man darf sich nicht immer die unglaubliche Strecke vor Augen halten. Das demotiviert.

- Beim Schwimmen nicht verrückt machen lassen. Du hast viel Zeit. Du musst erstmal nur an der richtigen Stelle wieder aus dem Wasser kommen.

**Roth 2003**
*Mein erster Sieg in Roth. Ich durfte Lothar dort beim Siegen schon ein paarmal zuschauen. Jetzt bin endlich ich dran.*



**Nizza, Frankreich**
*Ich laufe neben Rob Barel (Holland) und frage ihn, wie viel Geld es für den 2. Platz gibt. Er sagt: 15000 Dollar. Ich denke nur, oh super, dann werde ich halt Zweiter. Rob Barel gewinnt und wird Weltmeister. Diese Frage war der größte taktische Fehler meiner Karriere.*

**Penticton, Kanada 1993**
*Ich werde Zweiter und merke erst im Ziel, dass ich vor lauter Freude über meine gute Zeit beim Radrennen meine Radhandschuhe auch beim Laufen trage*

○○○ Auf der Radstrecke erstmal 20 Minuten sammeln. Rhythmus finden, ruhigen runden Tritt. Erst dann Verpflegung starten.

○○○ Kontrolliert beim Rennen bleiben. Nicht gedanklich abschweifen.

○○○ Konsequent dem vorher festgelegten Trink- und Ernährungsplan folgen. Bei Dehydration, Hungerast oder Übersäuerung ist das Rennen gelaufen.

○○○ Bei Reifenpanne ruhig bleiben. Das ist schneller repariert als du denkst. Mit dem Rücken zur Strecke reparieren, dann wird man vom Anblick der Vorbeifahrenden nicht so frustriert.

○○○ Die so genannte Marathonmauer kommt beim Triathlon ungefähr bei Radkilometer 120 und kann dich 30 bis 40 Kilometer lang quälen. Cola hilft und die Gewissheit: Du hast schon weit mehr als die Hälfte geschafft.

○○○ Am Ende der Radstrecke kannst du kaum noch absteigen und schon gar nicht mehr laufen. Ruhig bleiben. Langsam wechseln, nutze das als kleine Pause.

○○○ Auf den ersten 5 Laufkilometern geht es allen schlecht. Aber dann findest du deinen Rhythmus. Vorsicht: Euphorie droht, das Runner´s High. Nicht zu sehr antreiben lassen.

○○○ Lauf dein Tempo bis Kilometer 30. Dann kannst du, wenn du noch kannst, schon mal angreifen. Höchste Priorität: durchhalten. Erst wenn das gesichert ist, kämpfst du um Zeiten und Plätze.

○○○ Trinken, wo immer es geht, und schütte dir das Wasser auch über den Kopf.

○○○ Die letzten zehn Kilometer schmerzen. Finde dich damit ab.

○○○ Finde Laufpartner: etwas plaudern, etwas ziehen lassen hilft gegen die Verzweiflung, die einen ankriecht.

○○○ Die letzten zwei Kilometer sind fast schon eine Ehrenrunde, die du für dich selbst läufst. Jetzt nicht übermütig werden. Genieße es, du bist ein Ironman.

*Wenn man unterwegs mal muss: Beim Schwimmen kommt es eigentlich nicht vor. Beim Radfahren und Laufen kann man anhalten und an den nächsten Baum (oder hinter den nächsten Busch) springen. Man kann auch auf dem Rad sitzen bleiben und den Dingen ihren Lauf lassen und dann mit Wasser aus der Flasche spülen. Rücksicht auf andere nehmen bei dieser etwas ekligen Prozedur, die sich aber nicht vermeiden lässt, wenn man Superzeiten fahren will.*

**IRONMAN**

**Neuseeland 1995**

*Ich verspreche meiner Gastmutter (homestay) eher flapsig ein Flugticket nach Deutschland, wenn ich je gewinnen sollte. Und tatsächlich gewinne ich meinen ersten Ironman. Ich habe sofort ein Ticket Auckland-Frankfurt-Auckland gekauft. Sie hat mich dann im Juli beim IM Roth besucht. Die schönste Story meiner Karriere, mehr Wert als die vielen Siege.*

## Qualifizieren für den Ironman Hawaii

Der Traum jedes Triathleten, der eine Ultra-Distanz gefinished hat, ist natürlich der Ironman Hawaii: die Weltmeisterschaft in der Wiege des Triathlon.

Da wollen alle hin, aber die Teilnehmerzahl ist begrenzt. 2000 Startplätzen stehen weit über 50 000 Bewerber aus aller Welt gegenüber.

Qualifizieren muss sich für Hawaii jeder, egal ob Profi oder Amateur. Qualifizieren kann man sich auf einem der ausgewählten Wettkämpfe überall in der Welt. Je nach Veranstaltung werden mehr oder weniger so genannte Slots vergeben.
Beim Ironman Frankfurt wurden 2005 zum Beispiel 7 Pro-Slots vergeben und 150 Altersklassen-Slots.

Auf Deutsch: Die sieben besten Profis im Frankfurter Rennen dürfen in Hawaii starten und ebenso die 150 besten Amateure in ihren Altersklassen. Außerdem werden noch 200 Startplätze in einer Lotterie verlost (davon 150 nur an US-Bürger).
Auf jeden Fall qualifiziert sind die ersten zehn Profis des Vorjahres und die Sieger der jeweiligen Altersklassen.

Achtung: Die Qualifikation für Hawaii ist eine Starterlaubnis – mehr nicht. Alle damit zusammenhängenden Kosten und das erhebliche Startgeld von ca. 500 Dollar trägt der Sportler natürlich selbst.

Alle Infos und die Möglichkeit zur Teilnahme an der Verlosung unter: www.ironmanlive.com

*Nicole und Lothar nach dem Wettkampf auf Hawaii.*

## Doping

Der 17. November 2004 war ein wichtiger und gleichzeitig schwarzer Tag im deutschen Triathlon. Die Hawaii-Siegerin 2004 gestand, ihren Sieg mit gezieltem Epo-Doping errungen zu haben. Sie musste den Titel und das stattliche Preisgeld zurückgeben, ihre sportliche Karriere ist am Ende. Einige Tage später kam es in Frankfurt zu einem deutschen Triathlon-Gipfel, an dem die wichtigsten Veranstalter und Sportler sowie Funktionäre der Deutschen Triathlon Union teilnahmen. Wir beschlossen bei diesem Treffen einmütig, dass es auch für Ultratriathlon-Profis eine Lizenz geben muss. Und jeder, der diese Lizenz haben will, muss sich jederzeit unangemeldeten Doping-Kontrollen stellen. Wir lassen diese Kontrollen schon länger über uns ergehen. Es ist nicht spaßig, wenn es plötzlich an deiner Haustür klingelt und ein Doping-Fahnder fordert dich zum Pinkeln auf. Aber es ist notwendig, damit unser Sport sauber bleibt.

Gerade, wenn man wie wir von seinen sportlichen Erfolgen lebt, ist die Verlockung groß, diesen Erfolgen nachzuhelfen. Und die unseriösen Angebote sind reichlich. Da ist ein schmutziger Markt im Gange, gegen dessen Anpreisungen man sich fast täglich wehren muss. Aber gerade, weil wir von diesem Sport leben, ist es so wichtig, dass wir sauber bleiben. Und dass alle sauber bleiben. Es geht ja auch um unsere Gesundheit.

*Durch die Disqualifikation der Gedopten rückte ich vom elften auf den zehnten Platz. Da haben mich viele angerufen und gesagt: Toll, Nicole, dann bekommst du noch ein Preisgeld. Ja, das war richtig. Aber das ist nicht toll. Denn ein Dopingfall schadet dem gesamten Triathlonsport. Und Sponsoren sind da sehr sensibel. Keiner will, dass seine Marke mit einem Betrüger in Verbindung gebracht wird. Und wenn die ganze Sportart erstmal in Verruf ist, dann wird es schwieriger, Sponsoren zu finden. Sponsoren sind für unseren Lebensunterhalt aber viel wichtiger als Preisgelder. Ich bin sicher, dass wir mit der inzwischen eingeführten Profilizenz und den regelmäßigen Kontrollen den größten Schaden abgewendet haben.*

Absolut unverständlich ist uns, dass es vereinzelt Amateurathleten gibt, die ebenfalls zu Doping-Mitteln greifen. Vielleicht, um bei einem Ironman die Qualifikation für Hawaii zu schaffen. Dass einige dem verbreiteten Irrglauben folgen, man könne mit einigen Aspirin die Sauerstoffaufnahme des Blutes erhöhen, gehört dabei noch zu den harmloseren Versuchen. Das Risiko auch mit härteren Mitteln erwischt zu werden, ist gering. Das große Jedermann-Feld wird nicht so streng kontrolliert. Das beschränkt sich auf die Profis. Aber dann hat man, wenn es überhaupt etwas nutzt, eine gute Platzierung, auf die man nicht stolz sein kann und mit der man sich eigentlich nicht aus vollem Herzen brüsten kann. Außerdem ruiniert man sich die Gesundheit. Warum macht man es also?

# SERVICE

CHALLENGE
ZIEL
QUELLE
Deutsche Post
9:54:38
N-ERGIE
QUELLE
CHALLENGE
ROTH
N-ERGIE

## Trainingslager und Seminare (Auswahl)

### Schwimmseminar für Triathleten
**Ort:** Erftstadt – Schwimmsportschule des westdeutschen Schwimm-Verbandes
**Leitung:** Eberhard Hotfilder, Sportlehrer und Schwimmtrainer; Marita Schmickler, Sportphysiotherapeutin
**Theorie & Praxis:** Schwimmtraining, Fehlerursachen, -korrektur und -analyse (Videobeobachtung) Trainingsplanung
**Termin:** Winter und Frühjahr
**Kontakt:** Eberhard Hotfilder

### Lanzarote mit »first wave«
von first wave sportmarketing
**Ort:** Lanzarote
Rad- und Triathlontrainingslager auf Lanzarote.
**Kontakt:** www.first-wave-sportmarketing.de

### Club LaSanta auf Lanzarote
von Club LaSanta, Lanzarote
**Termin:** im Frühjahr
Überwiegend Triathlon-Trainingscamps unter der Anleitung erfahrener Triathleten und Trainer, ansonsten auch Radlager.
**Kontakt:** www.clublasanta.de/Default.asp?ID=1577

### Opel IRONMAN GERMANY Trainings-Camp – Saisonauftakt auf Mallorca
von Opel IRONMAN GERMANY Triathlon
**Ort:** Mallorca
Hawaii Holiday Service bietet ein Triathlontrainingslager der Extraklasse im Club Pollentia Maris auf Mallorca: Das Trainingslager wird vom Sport- und Ärzteteam des Opel Ironman Germany durchgeführt.
**Kontakt:** www.opel-ironman.de

### Hotel Beau Soleil Wonderful, Cesenatico
von Beau Soleil Wonderful
**Ort:** Cesenatico, Italien
Triathlon- und Radtrainingslager.
Die ruhige Lage am Pinienhain und die Berglandschaft der Umgebung bieten optimale Voraussetzungen für Ihr Training.
**Kontakt:** www.hotelbeausoleil.it/de/hotel.asp

### Radsportparadies Sardinien
von Eitzinger Bike Holiday
**Ort:** Sardinien
Radtraining unter der Leitung des ehemaligen Spitzentriathleten Peter Eitzinger. Schwimmen und Laufen ebenfalls möglich.
**Kontakt:** www.eitzinger.ch

### Font de Sa Cala mit Peter Sauerland
von Peter Sauerland
**Ort:** Cala Radjada, Mallorca
Tri-Camp für jedes Leistungsniveau, von der »Kaffee-Gruppe« bis zur Leistungsgruppe.
**Leitung:** Peter Sauerland, Trainer von Nicole Leder und Alexander Taubert sowie langjähriger Betreuer des Sauerland-Teams.
**Kontakt:** www.sauerland-team.de
www.schwarmstedter-reisebuero.de

### Sizilien mit frischluft:junky
von frischluft:junky
**Ort:** Sizilien
frischluft:junky verbindet sportliche Herausforderung, individuelle Betreuung und Entspannung zu einem besonderen Radsportreiseerlebnis auf Sizilien.
Geführte Touren, Leistungsdiagnostik, Sportgymnastik und Regenerationstraining
**Kontakt:** www.frischluftjunky.de

*Jedermann finished in Roth mit einer hervorragenden Zeit.*

### Triathlon und Duathlon Trainingscamps Spanien
von Team H. wie H.
**Ort:** Costa Azahar
Trainingslager – Für Fitness- und leistungsorientierte Athleten.
Kompetente Trainer bieten vielfältiges Rad-, Lauf- und Schwimmtraining für unterschiedliche Leistungsgruppen.
**Kontakt:** www.sport-fitness-team.de

### Radsport in Spanien/Mallorca
Mit Max Hürzeler
**Ort:** Mallorca
Radtrainingslager mit hervorragender Betreuung durch das Bicycle Holidays Max Hürzeler-Team. Ideal auch für Triathleten, gute Schwimm- und Laufbedingungen.
**Kontakt:** www.huerzeler.com

### Zypernbike
Lifestyle Travel Team GmbH
**Ort:** Larnaca/Zypern
Beste topographische Verhältnisse und gute Straßen bieten vielfältige Trainingsmöglichkeiten für Radsportler und Triathleten.
**Leitung:** Jens Zemke (ehem. Profi des Team Nürnberger) und Alexander Theis (ehem. BDR-Cross-Nationalfahrer)
**Kontakt:** www.zypernbike.de

### Hannes Hawaii Tours – Hannes Blaschke
**Ort:** Lanzarote / Puerto del Carmen
Geführtes Lauf-, Rad- und Schwimmtraining, teilweise auf den Original-Strecken des Ironman Lanzarote.
Zum Team gehören neben Hannes Blaschke auch Triathlon-Profi Thomas Braun und Dipl.-Sportwissenschaftler Daniel Kezele.
**Kontakt:** www.hannes-hawaii-tours.de

### Mallorca Aktiv Reisen/ TOPA Aktiv Reisen
**Ort:** Zypern, Limassol
(auch Mallorca, Sizilien, Andalusien und Kreta)
Trainingszentrum für Triathleten:
- 50 m Olympia-Becken
- tolle Strecken zum Einrollen
- anspruchsvolle Bergetappen
- interessante Laufstrecken

**Leitung:** Thomas Wegmüller, ehemaliger Radprofi
**Kontakt:** www.mallorca-aktiv.de

*Leders und das Cube-Team im Trainingslager auf Mallorca.*

## Triathlonverbände

Baden-Württembergischer Triathlonverband BWTV
www.bwtv.de

Bayerischer Triathlon-Verband BTV
www.triathlon-bayern.de

Berliner Triathlon Union BTU
www.btu-info.de

Brandenburgischer Triathlon-Bund BTB
www.btb-triathlon.de

Bremer Triathlon Verband
www.home.t-online.de/home/bremer.triaverband/index.htm

Hamburger Triathlonverband
www.hhtv-triathlon.de

Hessischer Triathlon Verband HTV
www.hessischer-triathlon-verband.de

Triathlonverband Mecklenburg-Vorpommern
www.triathlon-mv.de

Triathlon Verband Niedersachsen
www.tvn-triathlon.org

Nordrhein-Westfälischer Triathlon-Verband
www.nrwtv.de

Rheinland-Pfälzischer Triathlon-Verband
www.rtv-triathlon.de

Saarländische Triathlon-Union
www.triathlon-stu.de

Triathlon-Verband Sachsen-Anhalt
www.tvsa-online.de

Sächsischer Triathlonverband
www.triathlon-sachsen.de

Schleswig-Holsteinische Triathlon-Union
www.shtu.de

Thüringer Triathlon-Verband TTV
www.t-t-v.org

Deutsche Triathlon Union
www.dtu-info.de

Schweiz
www.trisuisse.ch/

Österreich
www.vereinsmeier.at/8010/OETRV/

## Infoseiten rund um den Triathlonsport

www.tri2b.com

www.tri-mag.de

www.triathlon-online.de

www.triathletemag.com

www.3athlon.de

*Nicole bei einem ihrer Siege in Roth.*

# Triathlon-Wettkämpfe

Die genauen Daten bitte den angegebenen Internetseiten entnehmen.

| Ort / Link / Information | Strecken | Charakter der Veranstaltung |
|---|---|---|
| **Oberstaufen, Allgäu**<br><br>www.wintertriathlon.de/<br><br>*voraussichtlich Februar*<br><br>Internationale Deutsche Meisterschaft Wintertriathlon, Jugend/ Junioren und Damen und Herren Internationale Deutsche Betriebs- und offene Staffelmeisterschaft (drei Athleten pro Team, jeder absolviert eine Disziplin.)<br><br>Jedermann-Rennen | Jedermann: 3-6(MTB)-4km<br><br>Staffel (eine Strecke pro Athlet): 4-12-8km<br><br>Deutsche Meisterschaften: 6-12-8km | Internationale Deutsche Meisterschaften<br><br>Internationale Deutsche Firmen- und Betriebs-Staffelmeisterschaften |
| **Backnanger City-Duathlon, Backnang, Baden-Württemberg**<br><br>www.3komma8.de/<br>info@3komma8.de<br><br>*Ende April/ Anfang Mai* | 10-40-5km | Deutsche (Elite und Altersklassen) und Baden-Württembergische Duathlonmeisterschaft |
| **LSKW Duathlonfest, Bad Lauterberg**<br><br>www.kirchbergtherme.de/veranstaltungen/sport/index.html<br><br>*Mitte/Ende Mai* | Jugend B: 2-10-1km<br><br>Jugend A: 3-20-1,5km<br><br>Junioren: 5-20-5km | Deutsche Meisterschaft Duathlon Jugend und Junioren |
| **Sachsenman**<br><br>www.sachsenman.de<br><br>*Anfang Juni* | Triathlon classic: 3-130-30km<br><br>Triathlon light: 1-100-10km<br><br>Duathlon classic: 12-130-30km<br><br>Duathlon light: 6-100-10km | Starterlimit: 500 Teilnehmer<br><br>Kein Zielschluss |

| Ort / Link / Information | Strecken | Charakter der Veranstaltung |
|---|---|---|
| **Potsdam**<br>**Deutsche Triathlon Liga**<br><br>www.triathlon-bundesliga.de/<br><br>*Mitte Juni* Jedermann-Rennen | 1,5-40-10km | Deutsche Meisterschaft Triathlon Elite<br><br>für alle Athleten der Altersklasse Jugend & Junioren |
| **Peiner Härke Triathlon**<br><br>www.tri-speedys.de/peiner-triathlon/index.html<br><br>*voraussichtlich Mitte Juni* | Volkstriathlon: 0,5-21-5km<br><br>DM: 1,5-40-10km | Deutsche Meisterschaft Triathlon Altersklassen<br><br>Peiner Stadtwerke Volkstriathlon |
| **Quelle Challenge Roth**<br><br>www.challenge-roth.com/de/<br>ubfi@challenge-roth.de<br><br>*Anfang Juli* | Langtriathlon | Deutsche Meisterschaft Langstrecke<br>Weltmeisterschaften der Firefighter auf der Ultradistanz |
| **Wiking-Triathlon, Schleswig**<br><br>www.wiking-triathlon.de<br><br>*Anfang Juli* | Schülertriathlon: 0,5-5-1km<br><br>Jedermann und Staffel: 0,5-18-5km<br><br>Kurztriathlon: 1,5-36-10km | Landesmeisterschaften und 2. Bundesliga Nord<br><br>Volkstriathlon nur für Teilnehmer ohne DTU-Startpass |
| **Opel IRONMAN Germany Triathlon – Frankfurt**<br><br>www.opel-ironman.de<br><br>*Anfang Juli* | Langtriathlon | Profis und Amateure<br><br>Qualifikation zum Ironman Hawaii |
| **Gegen den Wind Triathlon, Sankt Peter Ording**<br><br>www.gegendenwind.com<br><br>*Anfang Juli* | 0,2-0,5-1,5km (Schüler und Jugend)<br><br>0,5-20-5,3km (Jedermann)<br><br>1,5-38-10km | Einzel und Team (Staffel) |

| Ort / Link / Information | Strecken | Charakter der Veranstaltung |
|---|---|---|
| **Holsten City Man, Hamburg**<br><br>www.holstencityman.de<br><br>*Anfang August* | 0,5-20-5km / 1,5-40-10km | Gesamt- und Altersklassenwertung |
| **Schweriner Schlosstriathlon und Nordpokal, Schwerin**<br><br>www.trisportschwerin.de<br><br>*Mitte Juli* | 0,75-20-5km<br>(nur 2. Bundesliga Nord) und swim & run (Vorwettkampf)<br><br>1,5-40-10km (Nordpokal)<br>2. Bundesliga Nord und Nordpokal (Altersklassenwertung) | |
| **Müritz Triathlon, Waren (Müritz)**<br><br>www.mueritz-sportclub.de<br><br>*Ende Juli* | 0,75-20-5km<br><br>2-80-20km | Körperbehinderte starten separat über die Jedermann-Strecke |
| **Ostseeman Glücksburg**<br><br>www.ostseeman.de<br><br>*Anfang August* | Langtriathlon<br><br>Norddeutsche Meisterschaften | Einzel, Staffel, Militär Challenge |
| **Deutsche Meisterschaft Triathlon Mittelstrecke – Kulmbach**<br><br>www.moenchshof-triathlon.de<br><br>*Mitte August* | 2,2-90-21,1km | Startpassinhaber aus allen Landesverbänden der DTU<br>- Ausländer mit gültigem Startpass des Herkunftlandes<br>- eine Qualifikation ist nicht notwendig |
| **Krefelder Triathlon**<br><br>www.scbayer05.de<br><br>*Mitte August* | | Deutsche Meisterschaft Triathlon Jugend und Junioren<br>Volkstriathlon |
| **Int. KN Förde-Triathlon – Kiel**<br><br>www.kiel-triathlon.de/<br><br>*Mitte August* | 0,5-20-5km / 1,5-40-10km | Deutsche Triathlon Liga<br>Olympischer Triathlon<br>Jedermann-Triathlon<br>voraussichtlich Schüler-Triathlon, Staffeln |

| Ort / Link / Information | Strecken | Charakter der Veranstaltung |
|---|---|---|
| **XTERRA Germany – Titisee/Neustadt**<br><br>www.xterra.de<br>info@xterra.de<br><br>*Anfang September* | 1,5-38-10km | Deutsche Meisterschaft im Cross-Triathlon<br><br>Qualifikation für XTERRA World Championships auf Maui/Hawaii |

International

| Ort / Link / Information | Strecken | Charakter der Veranstaltung |
|---|---|---|
| **IRONMAN New Zealand – Taupo**<br><br>www.ironman.co.nz/<br><br>*Anfang März* | Langtriathlon | Qualifikation für IRONMAN Triathlon World Championships Hawaii |
| **Ralphs California Half IRONMAN California**<br><br>www.ironmancalifornia.com/<br><br>*Mitte März* | Mitteltriathlon | |
| **Spec-Savers IRONMAN South Africa**<br><br>www.ironmansouthafrica.com/<br><br>*Mitte März* | Langtriathlon | Qualifikation für IRONMAN Triathlon World Championships Hawaii |
| **Snap IRONMAN Australia Triathlon**<br><br>www.ironmanoz.com/default.asp<br><br>*Anfang April* | Langtriathlon | Qualifikation für IRONMAN Triathlon World Championships Hawaii |
| **IRONMAN Arizona Triathlon – Tempe**<br><br>www.ironmanarizona.com<br><br>*Anfang April* | Langtriathlon | Qualifikation für IRONMAN Triathlon World Championships Hawaii |

| Ort / Link / Information | Strecken | Charakter der Veranstaltung |
|---|---|---|
| **Half IRONMAN Triathlon – St. Croix, Virgin Island**<br><br>www.stcroixtriathlon.com/<br><br>*Anfang Mai* | Mitteltriathlon | Qualifikation für IRONMAN Triathlon World Championships Hawaii |
| **Ironman Lanzarote Canarias**<br><br>www.ironmanlanzarote.com<br><br>*Mitte Mai* | Langtriathlon | Qualifikation für IRONMAN Triathlon World Championships Hawaii |
| **Florida Half IRONMAN**<br><br>www.ironmanflorida.com/<br><br>*Mitte Mai* | Mitteltriathlon | Qualifikation für IRONMAN Triathlon World Championships Hawaii |
| **IRONMAN Japan Triathlon – Nagasaki**<br><br>www.ironmanjapan.com/english/index.html<br><br>*Mitte Mai* | Langtriathlon | Qualifikation für IRONMAN Triathlon World Championships Hawaii |
| **Brazil Telecom IRONMAN – Florianopolis**<br><br>www.ironmanbrasil.com.br<br><br>*Ende Mai* | Langtriathlon | Qualifikation für IRONMAN Triathlon World Championships Hawaii |
| **Honu Half IRONMAN Triathlon – Mauna Lana Resort Hawaii**<br><br>www.honuhalfironman.com/<br><br>*Anfang Juni* | Mitteltriathlon | Qualifikation für IRONMAN Triathlon World Championships Hawaii |

| Ort / Link / Information | Strecken | Charakter der Veranstaltung |
|---|---|---|
| **EagleMan Half IRONMAN Triathlon – Blackwater, USA**<br><br>www.tricolumbia.org<br><br>*Anfang Juni* | Mitteltriathlon | |
| **IRONMAN USA Coeur d'Alene**<br><br>www.ironmancda.com<br><br>*Mitte Juni* | Langtriathlon | |
| **Kärnten IRONMAN Austria Klagenfurt, Österreich**<br><br>www.ironmanaustria.com<br>office@ironmanaustria.com<br><br>*Anfang Juli* | Langtriathlon | Qualifikation für IRONMAN Triathlon World Championships Hawaii |
| **IRONMAN USA Lake Placid Triathlon**<br><br>www.ironmanusa.com/<br><br>*Mitte Juli* | Langtriathlon | Qualifikation für IRONMAN Triathlon World Championships Hawaii |
| **Vineman Half Triathlon – Sonoma County, California, USA**<br><br>www.vineman.com/<br><br>*Ende Juli* | Mitteltriathlon | |
| **Ironman U.K.**<br><br>www.ironmanuk.com<br><br>*Mitte August* | Langtriathlon | |

| Ort / Link / Information | Strecken | Charakter der Veranstaltung |
|---|---|---|
| **Subaru IRONMAN Canada Triathlon – Penticton, B.C., Canada**<br><br>www.ironman.ca<br><br>*Ende August* | Langtriathlon | Qualifikation für IRONMAN Triathlon World Championships Hawaii |
| **IRONMAN Korea Triathlon – Seogwipo, Jeju Island, Korea**<br><br>www.ironmankorea.net<br><br>*Ende August* | Langtriathlon | Qualifikation für IRONMAN Triathlon World Championships Hawaii |
| **Half Ironman Monaco**<br><br>www.halfironman-monaco.com<br><br>*Anfang September* | Mitteltriathlon | Qualifikation für IRONMAN Triathlon World Championships Hawaii |
| **Ironman Wisconsin**<br><br>www.ironmanwisconsin.com<br><br>*Anfang September* | Langtriathlon | Qualifikation für IRONMAN Triathlon World Championships Hawaii |
| **Ironman Hawaii**<br><br>www.ironmanlive.com<br><br>*Mitte Oktober* | Langtriathlon | |
| **Ironman Florida**<br><br>www.ironmanflorida.com<br><br>*Anfang November* | Langtriathlon | Qualifikation für IRONMAN Triathlon World Championships Hawaii |

Weitere Wettkämpfe und Termine unter: www.dtu-info.de

## Volkstriathlon

Der Plan für ein erfolgreiches Trainingsjahr. Vom Einsteiger bis zum Ironman. Wo du in diesen Trainingsplan einsteigst, hängt von deinem Leistungsstand ab. Einfach kopieren und ausfüllen .... Viel Erfolg! (Siehe auch Erklärungen ab Seite 43.)

| | Trainingstage | Ruhetage | Schwimmen min. | Bereich | Rad min. | Bereich | Laufen min. | Bereich | Bemerkung |
|---|---|---|---|---|---|---|---|---|---|
| 1. Woche | 3 | 4 | 15 | GA 1 | 45 | GA 1 | 30 | GA 1 | |
| Montag | | | | | | | | | |
| Dienstag | | | | | | | | | |
| Mittwoch | | | | | | | | | |
| Donnerstag | | | | | | | | | |
| Freitag | | | | | | | | | |
| Samstag | | | | | | | | | |
| Sonntag | | | | | | | | | |
| 2. Woche | 3 | 4 | 15 | GA 1 | 45 | GA 1 | 40 | GA 1 | |
| Montag | | | | | | | | | |
| Dienstag | | | | | | | | | |
| Mittwoch | | | | | | | | | |
| Donnerstag | | | | | | | | | |
| Freitag | | | | | | | | | |
| Samstag | | | | | | | | | |
| Sonntag | | | | | | | | | |
| 3. Woche | 3 | 4 | 20 | GA 1 | 45 | GA 1 | 30 | GA 1 | |
| Montag | | | | | | | | | |
| Dienstag | | | | | | | | | |
| Mittwoch | | | | | | | | | |
| Donnerstag | | | | | | | | | |
| Freitag | | | | | | | | | |
| Samstag | | | | | | | | | |
| Sonntag | | | | | | | | | |
| 4. Woche | 3 | 4 | 15 | GA 1 | 60 | GA 1 | 30 | GA 1 | |
| Montag | | | | | | | | | |
| Dienstag | | | | | | | | | |
| Mittwoch | | | | | | | | | |
| Donnerstag | | | | | | | | | |
| Freitag | | | | | | | | | |
| Samstag | | | | | | | | | |
| Sonntag | | | | | | | | | |
| 5. Woche | 3 | 4 | 15 | GA 1.2 | 45 | GA 1.2 | 30 | GA 1.2 | |
| Montag | | | | | | | | | |
| Dienstag | | | | | | | | | |
| Mittwoch | | | | | | | | | |
| Donnerstag | | | | | | | | | |
| Freitag | | | | | | | | | |
| Samstag | | | | | | | | | |
| Sonntag | | | | | | | | | |

## Trainingsplan

| | Trainings-tage | Ruhe-tage | Schwimmen min. | Bereich | Rad min. | Bereich | Laufen min. | Bereich | Bemerkung |
|---|---|---|---|---|---|---|---|---|---|
| 6. Woche | 3 | 4 | 15 | GA 1.2 | 45 | GA 1.2 | 40 | GA 1.2 | |
| Montag | | | | | | | | | |
| Dienstag | | | | | | | | | |
| Mittwoch | | | | | | | | | |
| Donnerstag | | | | | | | | | |
| Freitag | | | | | | | | | |
| Samstag | | | | | | | | | |
| Sonntag | | | | | | | | | |
| 7. Woche | 3 | 4 | 20 | GA 1.2 | 45 | GA 1.2 | 30 | GA 1.2 | |
| Montag | | | | | | | | | |
| Dienstag | | | | | | | | | |
| Mittwoch | | | | | | | | | |
| Donnerstag | | | | | | | | | |
| Freitag | | | | | | | | | |
| Samstag | | | | | | | | | |
| Sonntag | | | | | | | | | |
| 8. Woche | 3 | 4 | 15 | GA 1.2 | 60 | GA 1.2 | 30 | GA 1.2 | |
| Montag | | | | | | | | | |
| Dienstag | | | | | | | | | |
| Mittwoch | | | | | | | | | |
| Donnerstag | | | | | | | | | |
| Freitag | | | | | | | | | |
| Samstag | | | | | | | | | |
| Sonntag | | | | | | | | | |
| 9. Woche | 4 | 3 | 2 x 15 | GA 1.2 | 45 | GA 1.2 | 30 | GA 1.2 | kurzzeitig GA 2 |
| Montag | | | | | | | | | |
| Dienstag | | | | | | | | | |
| Mittwoch | | | | | | | | | |
| Donnerstag | | | | | | | | | |
| Freitag | | | | | | | | | |
| Samstag | | | | | | | | | |
| Sonntag | | | | | | | | | |
| 10. Woche | 4 | 3 | 15 | GA 1.2 | 2 x 45 | GA 1.2 | 40 | GA 1.2 | kurzzeitig GA 2 |
| Montag | | | | | | | | | |
| Dienstag | | | | | | | | | |
| Mittwoch | | | | | | | | | |
| Donnerstag | | | | | | | | | |
| Freitag | | | | | | | | | |
| Samstag | | | | | | | | | |
| Sonntag | | | | | | | | | |

| | Trainings-tage | Ruhe-tage | Schwimmen min. | Bereich | Rad min. | Bereich | Laufen min. | Bereich | Bemerkung |
|---|---|---|---|---|---|---|---|---|---|
| 11. Woche | 4 | 3 | 20 | GA 1.2 | 45 | GA 1.2 | 2 x 30 | GA 1.2 | kurzzeitig GA 2 |
| Montag | | | | | | | | | |
| Dienstag | | | | | | | | | |
| Mittwoch | | | | | | | | | |
| Donnerstag | | | | | | | | | |
| Freitag | | | | | | | | | |
| Samstag | | | | | | | | | |
| Sonntag | | | | | | | | | |
| 12. Woche | 4 | 3 | 2 x 15 | GA 1.2 | 60 | GA 1.2 | 30 | GA 1.2 | kurzzeitig GA 2 |
| Montag | | | | | | | | | |
| Dienstag | | | | | | | | | |
| Mittwoch | | | | | | | | | |
| Donnerstag | | | | | | | | | |
| Freitag | | | | | | | | | |
| Samstag | | | | | | | | | |
| Sonntag | | | | | | | | | |

## Kurztriathlon

| | | | | | | | | | |
|---|---|---|---|---|---|---|---|---|---|
| 13. Woche | 4 | 3 | 30 | GA 1.2 | 90 | GA 1.2 | 45 | | |
| Montag | | | | | | | | | |
| Dienstag | | | | | | | | | |
| Mittwoch | | | | | | | | | |
| Donnerstag | | | | | | | | | |
| Freitag | | | | | | | | | |
| Samstag | | | | | | | | | |
| Sonntag | | | | | | | | | |
| 14. Woche | 4 | 3 | 30 | GA 1.2 | 90 | GA 1.2 | 60 | | |
| Montag | | | | | | | | | |
| Dienstag | | | | | | | | | |
| Mittwoch | | | | | | | | | |
| Donnerstag | | | | | | | | | |
| Freitag | | | | | | | | | |
| Samstag | | | | | | | | | |
| Sonntag | | | | | | | | | |
| 15. Woche | 4 | 3 | 40 | GA 1.2 | 90 | GA 1.2 | 45 | | |
| Montag | | | | | | | | | |
| Dienstag | | | | | | | | | |
| Mittwoch | | | | | | | | | |
| Donnerstag | | | | | | | | | |
| Freitag | | | | | | | | | |
| Samstag | | | | | | | | | |
| Sonntag | | | | | | | | | |

Trainingsplan

| | Trainings-tage | Ruhe-tage | Schwimmen min. | Bereich | Rad min. | Bereich | Laufen min. | Bereich | Bemerkung |
|---|---|---|---|---|---|---|---|---|---|
| 16. Woche | 4 | 3 | 30 | GA 1.2 | 120 | GA 1.2 | 45 | | |
| Montag | | | | | | | | | |
| Dienstag | | | | | | | | | |
| Mittwoch | | | | | | | | | |
| Donnerstag | | | | | | | | | |
| Freitag | | | | | | | | | |
| Samstag | | | | | | | | | |
| Sonntag | | | | | | | | | |
| 17. Woche | 4 | 3 | 30 | GA 1.2 | 90 | GA 1.2 | 45 | | kurzzeitig GA 2 |
| Montag | | | | | | | | | |
| Dienstag | | | | | | | | | |
| Mittwoch | | | | | | | | | |
| Donnerstag | | | | | | | | | |
| Freitag | | | | | | | | | |
| Samstag | | | | | | | | | |
| Sonntag | | | | | | | | | |
| 18. Woche | 4 | 3 | 30 | GA 1.2 | 90 | GA 1.2 | 60 | | kurzzeitig GA 2 |
| Montag | | | | | | | | | |
| Dienstag | | | | | | | | | |
| Mittwoch | | | | | | | | | |
| Donnerstag | | | | | | | | | |
| Freitag | | | | | | | | | |
| Samstag | | | | | | | | | |
| Sonntag | | | | | | | | | |
| 19. Woche | 4 | 3 | 40 | GA 1.2 | 90 | GA 1.2 | 45 | | kurzzeitig GA 2 |
| Montag | | | | | | | | | |
| Dienstag | | | | | | | | | |
| Mittwoch | | | | | | | | | |
| Donnerstag | | | | | | | | | |
| Freitag | | | | | | | | | |
| Samstag | | | | | | | | | |
| Sonntag | | | | | | | | | |
| 20. Woche | 4 | 3 | 30 | GA 1.2 | 120 | GA 1.2 | 45 | | kurzzeitig GA 2 |
| Montag | | | | | | | | | |
| Dienstag | | | | | | | | | |
| Mittwoch | | | | | | | | | |
| Donnerstag | | | | | | | | | |
| Freitag | | | | | | | | | |
| Samstag | | | | | | | | | |
| Sonntag | | | | | | | | | |

| | Trainings-tage | Ruhe-tage | Schwimmen min. | Bereich | Rad min. | Bereich | Laufen min. | Bereich | Bemerkung |
|---|---|---|---|---|---|---|---|---|---|
| 21. Woche | 5 | 2 | 2 x 30 | GA 1.2 | 90 | GA 1.2 | 45 | | Intervall/Fahrtspiel |
| Montag | | | | | | | | | |
| Dienstag | | | | | | | | | |
| Mittwoch | | | | | | | | | |
| Donnerstag | | | | | | | | | |
| Freitag | | | | | | | | | |
| Samstag | | | | | | | | | |
| Sonntag | | | | | | | | | |
| 22. Woche | 5 | 2 | 30 | GA 1.2 | 2 x 90 | GA 1.2 | 60 | | Intervall/Fahrtspiel |
| Montag | | | | | | | | | |
| Dienstag | | | | | | | | | |
| Mittwoch | | | | | | | | | |
| Donnerstag | | | | | | | | | |
| Freitag | | | | | | | | | |
| Samstag | | | | | | | | | |
| Sonntag | | | | | | | | | |
| 23. Woche | 5 | 2 | 40 | GA 1.2 | 90 | GA 1.2 | 2 x 45 | | Intervall/Fahrtspiel |
| Montag | | | | | | | | | |
| Dienstag | | | | | | | | | |
| Mittwoch | | | | | | | | | |
| Donnerstag | | | | | | | | | |
| Freitag | | | | | | | | | |
| Samstag | | | | | | | | | |
| Sonntag | | | | | | | | | |
| 24. Woche | 5 | 2 | 30 | GA 1.2 | 120 | GA 1.2 | 45 | | Intervall/Fahrtspiel |
| Montag | | | | | | | | | |
| Dienstag | | | | | | | | | |
| Mittwoch | | | | | | | | | |
| Donnerstag | | | | | | | | | |
| Freitag | | | | | | | | | |
| Samstag | | | | | | | | | |
| Sonntag | | | | | | | | | |

## Half-Ironman

| | | | | | | | | | |
|---|---|---|---|---|---|---|---|---|---|
| 25. Woche | 4 | 3 | 2 x 45 | GA 1.2 | 2 x 90 | GA 1.2 | 45 | | 1 x R & S an 1 Tag |
| Montag | | | | | | | | | |
| Dienstag | | | | | | | | | |
| Mittwoch | | | | | | | | | |
| Donnerstag | | | | | | | | | |
| Freitag | | | | | | | | | |
| Samstag | | | | | | | | | |
| Sonntag | | | | | | | | | |

Trainingsplan

| | Trainingstage | Ruhetage | Schwimmen min. | Bereich | Rad min. | Bereich | Laufen min. | Bereich | Bemerkung |
|---|---|---|---|---|---|---|---|---|---|
| 26. Woche | 4 | 3 | 45 | GA 1.2 | 2 x 90 | GA 1.2 | 2 x 45 | | 1 x R & L an 1 Tag |
| Montag | | | | | | | | | |
| Dienstag | | | | | | | | | |
| Mittwoch | | | | | | | | | |
| Donnerstag | | | | | | | | | |
| Freitag | | | | | | | | | |
| Samstag | | | | | | | | | |
| Sonntag | | | | | | | | | |
| 27. Woche | 4 | 3 | 2 x 45 | GA 1.2 | 90 | GA 1.2 | 2 x 45 | | 1 x S & L an 1 Tag |
| Montag | | | | | | | | | |
| Dienstag | | | | | | | | | |
| Mittwoch | | | | | | | | | |
| Donnerstag | | | | | | | | | |
| Freitag | | | | | | | | | |
| Samstag | | | | | | | | | |
| Sonntag | | | | | | | | | |
| 28. Woche | 4 | 3 | 45 | GA 1.2 | 2 x 90 | GA 1.2 | 45 | | |
| Montag | | | | | | | | | |
| Dienstag | | | | | | | | | |
| Mittwoch | | | | | | | | | |
| Donnerstag | | | | | | | | | |
| Freitag | | | | | | | | | |
| Samstag | | | | | | | | | |
| Sonntag | | | | | | | | | |
| 29. Woche | 5 | 2 | 2 x 45 | GA 1.2 | 90 | GA 1.2 | 45 | | kurzzeitig GA 2 |
| Montag | | | | | | | | | |
| Dienstag | | | | | | | | | |
| Mittwoch | | | | | | | | | |
| Donnerstag | | | | | | | | | |
| Freitag | | | | | | | | | |
| Samstag | | | | | | | | | |
| Sonntag | | | | | | | | | |
| 30. Woche | 5 | 2 | 45 | GA 1.2 | 2 x 90 | GA 1.2 | 45 | | kurzzeitig GA 2 |
| Montag | | | | | | | | | |
| Dienstag | | | | | | | | | |
| Mittwoch | | | | | | | | | |
| Donnerstag | | | | | | | | | |
| Freitag | | | | | | | | | |
| Samstag | | | | | | | | | |
| Sonntag | | | | | | | | | |

| | Trainings-tage | Ruhe-tage | Schwimmen min. | Bereich | Rad min. | Bereich | Laufen min. | Bereich | Bemerkung |
|---|---|---|---|---|---|---|---|---|---|
| 31. Woche | 5 | 2 | 45 | GA 1.2 | 90 | GA 1.2 | 2 x 60 | | kurzzeitig GA 2 |
| Montag | | | | | | | | | |
| Dienstag | | | | | | | | | |
| Mittwoch | | | | | | | | | |
| Donnerstag | | | | | | | | | |
| Freitag | | | | | | | | | |
| Samstag | | | | | | | | | |
| Sonntag | | | | | | | | | |
| 32. Woche | 5 | 2 | 2 x 45 | GA 1.2 | 90 | GA 1.2 | 60 | | kurzzeitig GA 2 |
| Montag | | | | | | | | | |
| Dienstag | | | | | | | | | |
| Mittwoch | | | | | | | | | |
| Donnerstag | | | | | | | | | |
| Freitag | | | | | | | | | |
| Samstag | | | | | | | | | |
| Sonntag | | | | | | | | | |
| 33. Woche | 5 | 2 | 2 x 45 | GA 1.2 | 90 | GA 1.2 | 45 | | Intervall/Fahrtspiel |
| Montag | | | | | | | | | |
| Dienstag | | | | | | | | | |
| Mittwoch | | | | | | | | | |
| Donnerstag | | | | | | | | | |
| Freitag | | | | | | | | | |
| Samstag | | | | | | | | | |
| Sonntag | | | | | | | | | |
| 34. Woche | 5 | 2 | 45 | GA 1.2 | 2 x 90 | GA 1.2 | 45 | | Intervall/Fahrtspiel. |
| Montag | | | | | | | | | |
| Dienstag | | | | | | | | | |
| Mittwoch | | | | | | | | | |
| Donnerstag | | | | | | | | | |
| Freitag | | | | | | | | | |
| Samstag | | | | | | | | | |
| Sonntag | | | | | | | | | |
| 35. Woche | 5 | 2 | 45 | GA 1.2 | 90 | GA 1.2 | 2 x 60 | | Intervall/Fahrtspiel |
| Montag | | | | | | | | | |
| Dienstag | | | | | | | | | |
| Mittwoch | | | | | | | | | |
| Donnerstag | | | | | | | | | |
| Freitag | | | | | | | | | |
| Samstag | | | | | | | | | |
| Sonntag | | | | | | | | | |

| | Trainings-tage | Ruhe-tage | Schwimmen min. | Bereich | Rad min. | Bereich | Laufen min. | Bereich | Bemerkung |
|---|---|---|---|---|---|---|---|---|---|
| 36. Woche | 5 | 2 | 2 x 45 | GA 1.2 | 90 | GA 1.2 | 60 | | Intervall/Fahrtspiel |
| Montag | | | | | | | | | |
| Dienstag | | | | | | | | | |
| Mittwoch | | | | | | | | | |
| Donnerstag | | | | | | | | | |
| Freitag | | | | | | | | | |
| Samstag | | | | | | | | | |
| Sonntag | | | | | | | | | |

## Ironman

| | | | | | | | | | |
|---|---|---|---|---|---|---|---|---|---|
| 37. Woche | 6 | 1 | 2500 m | GA 1.2 | 100 km | GA 1.2 | 25 km | GA 1.2 | |
| Montag | | | | | | | | | |
| Dienstag | | | | | | | | | |
| Mittwoch | | | | | | | | | |
| Donnerstag | | | | | | | | | |
| Freitag | | | | | | | | | |
| Samstag | | | | | | | | | |
| Sonntag | | | | | | | | | |
| **Summe** | | | | | | | | | |
| 38. Woche | 6 | 1 | 2500 m | GA 1.2 | 100 km | GA 1.2 | 25 km | GA 1.2 | |
| Montag | | | | | | | | | |
| Dienstag | | | | | | | | | |
| Mittwoch | | | | | | | | | |
| Donnerstag | | | | | | | | | |
| Freitag | | | | | | | | | |
| Samstag | | | | | | | | | |
| Sonntag | | | | | | | | | |
| **Summe** | | | | | | | | | |
| 39. Woche | 6 | 1 | 2600 m | GA 1.2 | 110 km | GA 1.2 | 26 km | GA 1.2 | |
| Montag | | | | | | | | | |
| Dienstag | | | | | | | | | |
| Mittwoch | | | | | | | | | |
| Donnerstag | | | | | | | | | |
| Freitag | | | | | | | | | |
| Samstag | | | | | | | | | |
| Sonntag | | | | | | | | | |
| **Summe** | | | | | | | | | |

| | Trainings-tage | Ruhe-tage | Schwimmen | Bereich | Rad | Bereich | Laufen | Bereich | Bemerkung |
|---|---|---|---|---|---|---|---|---|---|
| 40. Woche | 6 | 1 | 2600 m | GA 1.2 | 110 km | GA 1.2 | 26 km | GA 1.2 | |
| Montag | | | | | | | | | |
| Dienstag | | | | | | | | | |
| Mittwoch | | | | | | | | | |
| Donnerstag | | | | | | | | | |
| Freitag | | | | | | | | | |
| Samstag | | | | | | | | | |
| Sonntag | | | | | | | | | |
| **Summe** | | | | | | | | | |
| 41. Woche | 6 | 1 | 2700 m | GA 1.2 | 120 km | GA 1.2 | 27 km | GA 1.2 | |
| Montag | | | | | | | | | |
| Dienstag | | | | | | | | | |
| Mittwoch | | | | | | | | | |
| Donnerstag | | | | | | | | | |
| Freitag | | | | | | | | | |
| Samstag | | | | | | | | | |
| Sonntag | | | | | | | | | |
| **Summe** | | | | | | | | | |
| 42. Woche | 6 | 1 | 2700 m | GA 1.2 | 120 km | GA 1.2 | 27 km | GA 1.2 | |
| Montag | | | | | | | | | |
| Dienstag | | | | | | | | | |
| Mittwoch | | | | | | | | | |
| Donnerstag | | | | | | | | | |
| Freitag | | | | | | | | | |
| Samstag | | | | | | | | | |
| Sonntag | | | | | | | | | |
| **Summe** | | | | | | | | | |
| 43. Woche | 6 | 1 | 2800 m | GA 1.2 | 130 km | GA 1.2 | 28 km | GA 1.2 | |
| Montag | | | | | | | | | |
| Dienstag | | | | | | | | | |
| Mittwoch | | | | | | | | | |
| Donnerstag | | | | | | | | | |
| Freitag | | | | | | | | | |
| Samstag | | | | | | | | | |
| Sonntag | | | | | | | | | |
| **Summe** | | | | | | | | | |
| 44. Woche | 6 | 1 | 2800 m | GA 1.2 | 130 km | GA 1.2 | 28 km | GA 1.2 | |
| Montag | | | | | | | | | |
| Dienstag | | | | | | | | | |
| Mittwoch | | | | | | | | | |
| Donnerstag | | | | | | | | | |
| Freitag | | | | | | | | | |
| Samstag | | | | | | | | | |
| Sonntag | | | | | | | | | |
| **Summe** | | | | | | | | | |

| | Trainings-tage | Ruhe-tage | Schwimmen | Bereich | Rad | Bereich | Laufen | Bereich | Bemerkung |
|---|---|---|---|---|---|---|---|---|---|
| 45. Woche | 6 | 1 | 2900 m | GA 1.2 | 140 km | GA 1.2 | 29 km | GA 1.2 | |
| Montag | | | | | | | | | |
| Dienstag | | | | | | | | | |
| Mittwoch | | | | | | | | | |
| Donnerstag | | | | | | | | | |
| Freitag | | | | | | | | | |
| Samstag | | | | | | | | | |
| Sonntag | | | | | | | | | |
| **Summe** | | | | | | | | | |
| 46. Woche | 6 | 1 | 2900 m | GA 1.2 | 140 km | GA 1.2 | 29 km | GA 1.2 | |
| Montag | | | | | | | | | |
| Dienstag | | | | | | | | | |
| Mittwoch | | | | | | | | | |
| Donnerstag | | | | | | | | | |
| Freitag | | | | | | | | | |
| Samstag | | | | | | | | | |
| Sonntag | | | | | | | | | |
| **Summe** | | | | | | | | | |
| 47. Woche | 6 | 1 | 3000 m | GA 1.2 | 150 km | GA 1.2 | 30 km | GA 1.2 | |
| Montag | | | | | | | | | |
| Dienstag | | | | | | | | | |
| Mittwoch | | | | | | | | | |
| Donnerstag | | | | | | | | | |
| Freitag | | | | | | | | | |
| Samstag | | | | | | | | | |
| Sonntag | | | | | | | | | |
| **Summe** | | | | | | | | | |
| 48. Woche | 6 | 1 | 3000 m | GA 1.2 | 150 km | GA 1.2 | 30 km | GA 1.2 | |
| Montag | | | | | | | | | |
| Dienstag | | | | | | | | | |
| Mittwoch | | | | | | | | | |
| Donnerstag | | | | | | | | | |
| Freitag | | | | | | | | | |
| Samstag | | | | | | | | | |
| Sonntag | | | | | | | | | |
| **Summe** | | | | | | | | | |

## Ausgewählte Diagnose-Zentren

**Triagnostik Chemnitz**
09126 Chemnitz
Tel. 0173/9935602
www.triagnostik-chemnitz.de

**SMS**
14050 Berlin
Tel. 030/30118216
www.sms-berlin.de

**Fit-im-puls**
20354 Hamburg
Tel. 040/35711164
www.fit-im-puls.de

**Rehaklinik Damp**
24349 Damp
Tel. 04352/808400
www.thomas-wessinghage.de

**Lactaticus Bremen**
Tel. 0421/3966510
www.lactaticus.de

**MSG**
30519 Hannover
Tel. 0511/8420415
www.MSG-Hannover.de

**Sportmedizinisches Institut der Universität Paderborn**
33098 Paderborn
Tel. 05251/60-3183/3587
www.dsg.upb.de

**Medizinisches Zentrum Parkhöhe**
34537 Bad Wildungen
Tel. 05621/703-0
www.parkhoehe.de

**protraining**
35452 Heuchelheim
Tel. 0170/3443349
www.protraining-sports.de

**INTRO**
38446 Wolfsburg
Tel. 05361/558558
www.intro-wolfsburg.de

**proformance**
42699 Solingen
Tel. 0212/6454717
www.pro-formance.de

**medico-sport**
45257 Essen
Tel. 0201/4901019
www.medico-sport.de

**movida**
46514 Schermbeck
Tel. 02853/957171
www.laktatwert.de

**Medicos**
49080 Osnabrück
Tel. 0541/4065-0
www.medicos-online.de

**Schüchtermann-Klinik**
49214 Bad Rothenfelde
Tel. 05424/641182
www.isp-sportmedizin.de

**Wallenborn Sporthopädie GmbH**
50679 Köln
Tel. 0221/981036-0
www.wallenborn.de

**Deutsche Sporthochschule**
50933 Köln
Tel. 0221/49825180
www.ZeLD.de

**CMS**
50969 Köln
Tel. 0221/9345656
www.cms-coaching.de

**Skolamed GmbH**
53639 Königswinter/Bonn
Tel. 02223/2983-0
www.skolamed.de

**Sportpraxis Haass, Schmitt**
53115 Bonn
Tel. 0228/636628
www.sportpraxis-bonn.de

**Pro-Motion**
55127 Mainz
Tel. 06724/95625
www.promotion-doc.de

**Medisport GmbH**
58313 Herdecke
Tel. 02330/9735614
www.medisport.de

**pschebizinproficoaching**
54516 Wittlich
Tel. 06571/953445
www.proficoaching.net

**Krankenhaus für Sportverletzte Hellersen**
58515 Lüdenscheid
Telefon: 02351/945-0
www.Sportkrankenhaus.de

**Institut für Sportdiagnostik**
63069 Offenbach
Tel. 069/83838691
www.sportdiagnostik.de

**Privatpraxis für Präventivmedizin**
**Dr. med. Johannes Scholl**
65385 Rüdesheim
Tel. 06722/406 700
www.praxis-dr-scholl.de

**JA-AKTIV Events + Sport**
67487 St. Martin
Tel. 06321/385256
www.ja-aktiv.de

**rehamed**
70469 Stuttgart
Tel. 0711/13532021
www.rehamed-stuttgart.de

**Respofit**
73037 Göppingen
Tel. 07161/965757
www.respofit.de

**sportinform**
74244 Löwenstein
Tel. 07130/450376
www.sportdiagnosen.de

**Dr. med. Tanja Engels**
74321 Bietigheim-Bissingen
Tel. 07142/21727
www.dr-tanja-engels.de

**Med-Tronik**
77948 Friesenheim
Tel. 07821/6333-23
www.lactware.de

**Universitätsklinik Freiburg**
79085 Freiburg
Tel. 0761/2707473
www.uni-freiburg.de

**Sport Ruscher**
80686 München
Tel. 089/51261561
www.ruscher.de

**Der LaufLaden Axel Reusch**
87527 Sonthofen
Tel. 08321 788 166
www.laufladen-sonthofen.de

**fit4tri**
88339 Bad Waldsee
Tel. 07524/9153606
www.fit4tri.de

**contract:relax GmbH**
90562 Heroldsberg
Tel. 0911/6104140
www.contractrelax.de

**Institut für Prävention und Diagnostik (IPD)**
93059 Regensburg
Tel. 0941/46418-0
www.ipd-regensburg.de

**PReDIa Sport**
97072 Würzburg
Tel. 0931/86062
www.predia.com

**Balearic Diagnostic Centrum**
Leistungsdiagnostik auf Mallorca
Tel. 040/55775912
www.checkup-mallorca.de